U0109687

民國歷史與文化研究

十 三 編

第 8 冊

京劇名票錄（下）

李 德 生 著

花木蘭文化事業有限公司

國家圖書館出版品預行編目資料

京劇名票錄（下）／李德生 著 -- 初版 -- 新北市：花木蘭文化事業有限公司，2021〔民 110〕

目 8+146 面；19×26 公分

（民國歷史與文化研究　十三編；第 8 冊）

ISBN 978-986-518-481-0（精裝）

1. 京劇 2. 傳記 3. 人名錄 4. 中國

628.08　　110010861

民國歷史與文化研究
十三編　第八冊　　ISBN：978-986-518-481-0

京劇名票錄（下）

作　　者　李德生
總 編 輯　杜潔祥
副總編輯　楊嘉樂
編　　輯　許郁翎、張雅淋、潘玟靜　美術編輯　陳逸婷
出　　版　花木蘭文化事業有限公司
發 行 人　高小娟
聯絡地址　235　新北市中和區中安街七二號十三樓
電話：02-2923-1455／傳真：02-2923-1452
網　　址　http://www.huamulan.tw 信箱　service@huamulans.com
印　　刷　普羅文化出版廣告事業
初　　版　2021 年 9 月
全書字數　209540 字
定　　價　十三編 9 冊（精裝）台幣 25,000 元

京劇名票錄（下）

李德生　著

目次

上冊

代序：票房與票友

下　冊

名媛名票

陶默厂

陶默厂（an）（1901～不詳），亦稱默庵，女，滿洲正白旗人，姓托忒克氏。她清末朝廷重臣兩江總督端方的親侄女。陶默厂出生於鐘鳴鼎食、詩書簪纓的閥門世家，從小不出閨閣，家設西席，有翰林老師教習經史詩文，七歲便能詩會畫，家中溺愛有加。且府中請有教習指導女樂，琴棋書畫、吹拉彈唱，無一不工。

陶默厂

《穆柯寨》陶默厂飾穆桂英

陶默厂對京戲情有獨鍾，因府中父兄輩與伶界多有交往，應酬頻繁，慶節做壽事宜亦多，堂會演出不斷。陶默厂自小被臺上的華美服飾、優美的唱腔、動人的故事所迷戀。每有名角演出均去觀瞻，從小至大，百無一漏。其中，最喜青衣、花衫戲，看罷歸來，必在閨房用心揣摩，對鏡反覆模仿。並且囑咐下人從市場上購得京劇唱片，自己反覆研聽學唱，頗有神似。

舊日，封建的大戶人家對女孩約束甚嚴，雖然陶府比較新派，提倡維新，但對女孩依然講究「三從四德」、「非禮勿為」。默厂只是偷著學唱，不敢張揚，更沒有機會上弦兒。有一次家中唱堂會戲，梅蘭芳、楊小樓等名家都來獻藝。陶默厂身穿男裝，宛似一個公子哥，混到正在休息的樂隊群中，大膽地請徐蘭沅操琴，自己要唱一段兒。徐蘭沅不知他是那房公子，就為她拉了《起解》和《彩樓配》兩段。默厂依聲唱來，直逼梅郎。不少內行都圍了過來聽，一曲未了，贊之不絕，其中就有梅蘭芳。

經過這次一試，默厂就有了自信，也得到家人的諒解。從此，明正言順地請來京劇教習入府指導，而且與梅蘭芳交好，最終由中人為介，正式拜了梅蘭芳為師，成為梅氏第一代女弟子。

民國伊始，端方勢敗，府中的老規矩也日益打破。陶默厂時常出入票房票戲，成為京戲舞臺上的一位名閨票友。她時常身著男裝外出，被戲曲界呢稱為陶六爺。

她在及笄之年嫁與邢肇棠為妻，邢肇棠早年追隨孫中山參加北伐革命。1927 年「四・一二」事變後，因參與倒蔣被通緝，從此棄家而去，加入了共產黨。她的女兒邢院生是近代著名的女作家。

陶默厂長期住天津，常與名票孟廣亨、王仲林、張似雲、樂樸蓀、戴作民、葛松林、史德化、魯叔英等在娛化茶社聚會。能戲有《穆柯寨》、《彩樓配》、《女起解》、《西施》等。她還提攜管紹華、奚嘯伯等人，為他們當配演，助其成名。早年陶默厂飾李鳳姐、管紹華飾正德帝，合演《梅龍鎮》的錄音唱盤，至今依然是備受推崇的佳作。

陸小曼

陸小曼（1903～1965），名眉，別名小眉、小龍，筆名冷香人、蠻姑。她於 1903 年出生於上海市孔家弄。祖籍江蘇常州樟村。祖父陸榮昌因避洪楊之亂遷居上海。陸小曼父親陸子福是晚清舉人。曾留學日本早稻田大學，是日本名相伊藤博文的得意弟子。南京政府成立後，經翰林汪洵之推薦在度支部供職，歷任司長、參事、賦稅司長等二十餘年，是中華儲蓄銀行的主要創辦人之一。母親吳曼華多才多藝，對古文有較深功底，更擅長工筆畫，陸小曼能詩嗜畫，受其母親影響至深。

陸小曼

陸小曼 6 歲隨母赴京，進北京女子師範大學附屬小學讀書。15 歲，轉入北京聖心學堂。她生性聰慧，又肯勤奮學習，十六、七歲已通曉英、法兩國語言，還能彈鋼琴、畫油畫。才能出眾，美麗漂亮，在學校裏已成為「皇后」。

在學生時代，陸小曼經常被外交部邀請擔任口語翻譯，接待外賓，參加外交舞會，名聞北京社交界。及笄，陸小曼與外交官王賡成婚。不想，陸小曼在一次外交舞會上與徐志摩相識。他們兩個，一個是窈窕淑女，情意綿綿；一個是江南才子，風度翩翩，如是一見鍾情。不久小曼與王賡離異，嫁與徐志摩。二人感情甚篤。

陸小曼愛唱京戲，模仿力極強，幾乎無師自通，所聆京劇入耳不忘。在學校裏就是有名的票友，尤其她化了妝後，更是天生麗質，令人消魂。最拿手的戲是《貴妃醉酒》，每一登場，光彩照人。奈何，徐志摩不太欣賞京劇，又常忙於自己的工作。這時，有一位名叫翁瑞午的票友就乘機而入了。

翁瑞午是翁同龢的門生翁綬祺之子。他在事業上的成就當然不能和徐志摩相比，但他為人活絡風趣，又喜歡唱戲、畫畫。還能教小曼身段，二人意味相投，常在一起票戲。據陳定山《春申舊聞》載：「陸小曼體弱，連唱兩天戲便舊病復發，得了昏厥症。翁瑞午有一手推拿絕技，是丁鳳山的嫡傳，他為陸小曼推拿，真是手到病除。於是，翁和陸之間常有羅襦半解、妙手撫摩的機會。」恰在此時，徐志摩墜機身亡，小曼十分傷心，曾寫詩悼之：「腸斷人琴感未消，此心久已寄雲嶠。年來更識荒寒味，寫到湖山總寂寥。」

此後，他與翁瑞午同居，而且染上了毒癮，身世蕭條。1956 年 4 月加入上海文史館和農工民主黨，成為上海畫院的畫師。

楊慕蘭

楊慕蘭（1903～198？），號近雲館主。是天津大資本家周學熙家的四少奶奶。四十年代名票，她不僅擁有大群的戲迷，還以女票友的身份自己組班，挑梁唱戲，紅火一時。

楊慕蘭出身於官宦人家，她的父親原是清廷京官，民國時期，在北洋政府中擔任天津長蘆鹽運使、總統府顧問等職。楊慕蘭四歲起就由家人帶著去看戲聽戲，耳濡目染中就愛上了戲曲。她二十一歲嫁入周府後，更是以戲為消遣，每有名角到天津演出，她必前去觀瞻。而且背著家人，請名師來家教戲。為了學戲，不知花了多少的銀錢，可以說她學到的唱，都是用錢買來的。

楊慕蘭（近雲館主）的戲裝像

學成之後，就開始購置戲裝、臺帳、桌圍、椅靠，還要請琴師、租場地、聘演員，組起了戲班。楊慕蘭辦的班相當出色，她掛頭牌，經常邀請名角助演，曾與金少山一起合演《霸王別姬》；與姜妙香合演《玉堂春》等，她多方面開拓戲路，不僅讓觀眾常換口味，她自己更是過足了戲癮。演出結束後不但不拿戲份，反要備許多「紅包」送給前、後臺服務人員以及一些戲院的「底包」藝人，要的就是「好者為樂，花錢買臉」。

過去，一個封建官僚家庭中的兒媳婦，連拋頭露面都不允許，更何況登臺唱戲。為了不讓家裏人知道，登臺演唱時她從不用真名，而是用別名近雲館主。

楊慕蘭是一位很有天分的女演員，專學習梅派戲，並且能演崑曲正旦、閨門旦，唱、做均佳，在津門享有盛譽。每逢有善舉義務戲，她當仁不讓，從不落場。

1941年，她在自家成立票房吟國劇社，津門名流、名票經常出入她的劇社，京、津、滬的著名演員也都是該社的座上客。她的劇社培養出不少京劇人才，如後來下海的趙漢章（嘯岩）、謝鴻文、女花臉齊嘯雲、雲南京劇團的青衣王小盈、荀慧生的司鼓劉耀曾、張學津的琴師王鶴雲以及在津的演員孟憲榮等，都是該社的成員。

呂美玉

呂美玉（1905～不詳），原籍北京，出生於梨園世家。父親呂月樵、母親時鳳儀都是著名京劇演員。呂月樵以《戲迷傳》、《十八扯》等玩笑戲唱紅。隨後又排演了《全本目蓮救母》，反串老旦，他以紮實武功，滿臺摔撲，又有高而尖的嗓子，高亢入雲，紅透半邊天！不幸勞累過度，病死天津。臨終時他對妻子說：「不要再令我們的兒女唱戲！」

呂美玉姐弟四人，身為長女，謹遵父命，認真讀書，不再學戲了。但她資質聰慧，平時耳濡目染，也能登場。有時借臺唱戲，但成績平平，只算是位普通的票友而已。

民國十三年，王瑤卿弟子王芸芳演了一齣時裝戲《失足恨》，並未唱紅。呂美玉在朋友們的竄促下，也排演了此劇，內容是女學生尚寶琳與同學吳偉業一見傾心，便以身相許，不慎失足。不想後來吳氏與之反目，兩情決絕。面對同學之諷刺、父母的詬誶，尚寶琳自殺身死。當女主人公唱道：「一失足成千古恨，再回頭已百年身」時，臺上臺下，哭成一遍。當時轟動滬上，連演一月，場場爆滿，呂美玉的大名，遂家喻戶曉。

彼時，聞人朱葆三的女婿魏廷榮最愛看這齣《失足恨》，每場必到，幾成為瘋魔。對臺上的呂美玉也因魔而迷，由迷而愛，由愛成戀。他託朋友作媒說親，硬是把呂美玉娶了過去。呂美玉從此謝絕舞臺，心甘情願地當了如夫人。

當時，華成煙草公司董事長戴耕莘正擬推出新牌產品，特邀了著名畫家謝之光為新產品設計包裝。這位畫家素以構思奇巧、出手神速稱雄。據說，他在受託的當天晚上，隨手翻開了一份畫報，以畫報上一幀名伶照片為模特兒，畫在了煙標圖案的正當中，四周飾以天藍色的花邊，這麼一襯托，使這張設計稿顯得十分別致高雅，便取名為「美麗」牌香煙。戴耕莘是一位京劇戲迷，他在審訂畫稿的時候，一眼就看出畫中的人物是呂美玉，當即拍板定案，且提議再搞幾幀呂美玉的舞臺劇照，印成煙畫一同上市。

華成煙草公司的「美麗牌」香煙煙標

1925 年，「美麗」牌香煙隆重登場，因為煙絲好，價錢巧，又借著呂美玉的人氣兒，上市三天，搶售一空，全廠加班，日夜生產，依然供不應求。最初，呂美玉對此頗為自豪，並且對自己有幸獲此尊寵而沾沾自喜。但其夫君魏廷榮自幼受到西方教育，諳熟西方法律。他告訴呂美玉，若是依據西洋法律而論，「凡是未經本人同意而濫用其肖像製作宣傳品」者，則是一種嚴重的侵權行為。呂美玉茅塞頓開，遂一紙訴狀將華成煙草公司的法人告上了民事法庭，她聘請了著名大律師鄂森作為自己的代理人，要求華成煙草公司立即停止使用其肖像，並要求賠償名譽損失費。這是我國近代商業史上的第一例關於「肖像」的侵權案例，在當年至為轟動。

華成派出協理沈星德出面調解，雙方議定華成每售一箱（五萬支）提取五角作為酬謝，按月結算，支付呂美玉。呂氏方撤訴了之。根據華成煙草公司《檔案》記載；「美麗」牌香煙 1926 年、27 年、28 年的銷售量，分別為 3，258 箱、14，621 箱、22，744 箱，依約，這三年華成就支付呂氏大洋兩萬餘元。

有道是不打不成交，呂氏亦深感華成禮遇不薄，便特意拍了一些新劇照供華成印製煙畫選用。從此，「美麗」牌香煙銷得更為紅火。

宣景琳

宣景琳小照

宣景琳（1907～1992），原名金林，是我國早期的電影女明星。代表作有《最後之良心》,《上海一婦人》、《歌場春色》、《姊妹花》等。同時，她也是三十年代上海著名的京劇女票友。

宣景琳出生在一個貧苦的市民家庭，父親是上海的報販。她自小在教會辦的慕爾堂念書，雖然不交學費，但不願忍受有錢同學對她的歧視，而離開學校，跟藝人去學唱京戲。但他的父母長兄都先後病倒，在不得已的情況下賣身青樓。

她一直想跳出深淵，把希望寄託在恩客闊少王六公子身上。王公子雖對她一片癡情，然而父親絕對不肯讓兒子與其結婚。一個偶然的機會，鄭正秋選中宣景琳來演《最後之良心》的一個反派配角，發現她有演戲才能，就接連讓她演幾部影片。

宣景琳拍影戲不為出名，只想積蓄酬金為自己贖身。不料她的積蓄被妓院沒收。鄭正秋知道後，就由「明星」出錢為她贖身，還編寫了一部妓女生活的劇本《上海一婦人》，請宣景琳主演。她在銀幕上現身說法，受到觀眾讚賞，彼時宣景琳已正式成為明星公司的職員，獲得了人身自由，也成了「電影明星」。其後，便與這位王六公子結了婚。

她在明星公司工作十年之久，一共拍了近三十部影片。因為她會唱京劇，也成「明星歌劇社」的臺柱子。凡「明星」參加各種集會演出京劇時，都由她唱大軸，而且演出次數最多，也最受觀眾的歡迎。她的能戲有《女起解》、《三堂會審》、《虹霓關》、《坐宮》等。

胡蝶

胡蝶小照

胡蝶（1907～1989），原名胡瑞華，藝名胡蝶，生於上海。1925年考入中華電影學校。畢業後先後在友聯電影公司、天一影片公司、明星影片公司任演員。銀幕上的表演生涯長達四十年之久。最輝煌的時期是在三、四十年代。

三十年代初，她主演了中國第一部有聲片《歌女紅牡丹》。影片中，她把一個忍受丈夫虐待與壓榨而毫無反抗、心地善良的女性刻畫得相當成功。在第一部左翼電影《狂流》中，她塑造的秀娟不但富有反抗精神，而且內心世界十分豐富，受到一致好評。她主演的《姐妹花》是她表演藝術的高峰。在影片中，她一人飾演有著不同生活道路的雙胞胎姐妹大寶、二寶，把兩個身份懸殊、性格各異的女性刻畫得非常深刻。上映後，打破國產影片上座率的最高紀錄。在東南亞、日本、西歐諸國放映，也大獲成功。

胡蝶的一生飾演過娘姨、慈母、女教師、女演員、娼妓、舞女、闊小姐、勞動婦女、工廠女工等多種角色，她的氣質富麗華貴、雅致脫俗，表演上溫良敦厚、嬌美風雅，一度被評為「電影皇后」，成為我國最優秀的電影演員之一。

明星公司內部有一個「明星歌劇社」票房，裏邊有不少人會唱京劇，如宣景琳的旦角，鄭正秋、周劍雲的老生，湯傑的花臉、王獻齋的丑，都有聲於時。票社又吸收了外邊的一些票友參加，也算得上人才濟濟。加之，鄭正秋和當時的名伶夏月珊、夏月潤、潘月樵、毛韻珂、周鳳文等人極熱，歌劇社辦得紅紅火火，有聲有色，經常鑼鼓喧天、絲竹入耳。胡蝶也在票社活動，美中不足是胡蝶唱京劇不很開竅。張石川請來老伶工伍月華之子伍鳳春專門給她輔導，重點培養。

胡蝶從小就隨父親奔波於京奉鐵路線上，學得一口純正北京話，加之聰慧好學，進步極大。1930 年底，公司拍攝了中國第一部蠟盤有聲影片《歌女紅牡丹》，通過表現一位京劇名伶紅牡丹的坎坷生涯，揭露了封建禮教對婦女的壓迫和毒害。扮演紅牡丹的便是胡蝶。公演之後，此片產生極大的轟動效應。因為該片除了第一次出現了對白外，還利用有聲的優越條件，穿插了京劇《穆柯寨》、《玉堂春》、《四郎探母》、《拿高登》四個劇目的片斷。片中紅牡丹唱的京劇有板有眼，字正腔圓，觀眾對胡蝶唱京戲的水平給了很高的評價，稱其為「巾幗名票」。

1935 年 2 月，梅蘭芳和胡蝶同時應蘇聯對外文協的邀請，率劇團赴蘇演出。二人同乘蘇聯的「北方號」專輪啟航。在船上，胡蝶擬拜梅蘭芳為師。誰知，梅蘭芳連連擺手，自是謙遜地說：「不行，不行，這哪敢當呀！」可是，胡蝶一再央求，誠心使梅先生過意不去，只好說：「拜師可不敢，就教一段《汾河灣》吧！」這段戲，直到晚年胡蝶定居加拿大時還能哼得出來。所以，胡蝶有時會開個玩笑地說：「我還是梅蘭芳的親傳弟子呢。」

陸素娟

陸素娟（1907～1936），蘇州人，姓名不詳，自幼家貧，被人賣入娼僚，陸為養母之姓，素娟也是從藝之名。三十年代，由養母攜至北平，在城南韓家潭青樓做書寓。她麗質天生，聰穎過人，端莊清麗，秀外慧中。又略識文字，善於歌唱，學唱梅蘭芳的段子頗有幾分神似。一經懸牌，名噪九城。一些軍政大員、名流富翁及銀行家們都趨之若鶩，不到半載，素娟的芳名，已譽滿故都，成了有名的紅姑娘。

梅黨的中堅分子鹽業銀行經理王紹賢對素娟極為賞識，特煩徐蘭沅為其弔嗓，教授梅派戲劇。徐蘭沅發現她是一塊璞玉，經過精雕細琢，可成美器。於是精心培養，加之素娟聰明可人，一點即悟，很快學會梅派不少劇目。此一時期，梅蘭芳在北平因傷子遭事，舉家南遷，定居上海。北平的戲迷們只能欣賞到尚、程、荀三大名旦的舞臺藝術，卻看不到梅派戲的演出。而且梅蘭芳離開後，劇團的演員及場面多閒散在家，無班可搭。徐蘭沅一方面教授陸素娟，一方面召集梅劇團原班人馬蕭長華、姜妙香、劉連榮、王少亭、楊盛春、姚玉芙等人，重組劇團，捧素娟下海，以陸代梅。

《洛神》陸素娟飾甄妃

《樊江關》陸素娟飾樊梨花

在這些名演員的配合下，陸素娟一炮而紅。她主演的一些梅派名戲，如《宇宙鋒》、《鳳還巢》、《洛神》、《霸王別姬》等都頗具梅派神韻，每每引起轟動。老戲迷感歎地說，看陸素娟的戲，有「望梅止渴」之感。

張伯駒在《紅毹紀夢詩注》中有詩寫道：「竊符救趙一劇編，窯變名伶有素娟，多謝琴師徐督辦，梅家班作陸家班。」

陸素娟一般是在中和劇院唱夜場，每天車水馬龍，高朋滿座，一些有身份的戲迷都成為這裡的常客。誰知好景不常在，陸素娟走紅沒幾年，「七・七」事變爆發，陸素娟悄然南下。她到達漢口不久，染上時疫，一病不起，很快謝世而去。時年不滿三十。昔人詩云：「美人自古如名將，不許人間見白頭」，真似為素娟詠歎。

雍竹君

雍竹君（1910～不詳），也叫雍柔絲，人們都稱她為密斯雍或雍女士。她是一名德國籍京劇愛好者，先為票友，後來下海，成了一名優秀的京劇女演員。當年《中華畫報》稱她是國劇女洋票第一人。

雍竹君是一名混血兒，生於北京。其母是一位華裔漢族女性，身世不詳，其父名叫雍克（譯音）是一名德國人。二十世紀一十年代，曾任北平市德國駐華領事館參贊。離職後，在北平開設了一間釀製葡萄酒的「寶珠釀酒公司」。但是，也有人說，她的父親名叫雍康（譯音），是北京協和醫院的一名德國外科醫生，詳情待考。

雍竹君飾演的《貴妃醉酒》，此劇照刊於 1934 年《中華畫報》

雍竹君聰慧過人，在北京德國學校讀書時，即能講中、英、德、法等多國語言。她的父母親都喜歡京劇，從小帶她到劇場聽戲。京劇的故事、服裝和音樂，在她的心靈裏產生了深刻的印象。她曾鄭重其事地向父母提出學戲的要求。父母對她溺愛，有求必應，給她請來了名票關廣智教梅派青衣。十八、九歲時，她已經學會不少齣戲，而且唱得中規中矩，如同科班裏的學生一樣。關廣智經常帶她到票房裏票戲，有時還到戲園子裏登臺彩唱。票友們覺得一個金髮碧眼的外國人對中國的國萃如此癡迷，莫不稱讚、愛護。這就更增強了她學好京劇的雄心。名旦吳富琴看她是個可造之材，收她為弟子，精心雕琢，嚴格訓練，先後學會了五十多齣傳統戲。雍竹君最初登臺，都是與她的老師關廣智合作，漸露頭角。北平的一些電臺經常播放她唱的《武家坡》、《彩樓配》等節目，很受聽眾歡迎。

後來，梅蘭芳在東交民巷舉辦的一次使館聯歡會上，看她演的《貴妃醉酒》頗有幾分模樣，十分欣喜，收她為徒，還親自教了她一齣《虹霓關》。程硯秋是在吉祥戲院組織演出的一場票友合作戲《法門寺》，也看中了雍竹君。這場戲由費簡侯飾劉瑾，楊寶忠飾趙廉，張澤圃飾賈桂，雍竹君扮演宋巧姣。因為雍竹君有外國血統，身材比較豐碩高大，扮齣戲來很像自己的身影。而且她的嗓音寬厚，發音方法也與自己相似。於是，破格收她為弟子，給予精心指點，使得雍竹君的藝事更為精進。據說，雍對程師事殷勤，過從甚密。後來程硯秋赴歐洲考察戲劇，得到雍竹君許多協助。

吉祥戲院經勵科看出她獨具的票房價值，極力攛掇她下海從藝，並且為其多方奔走，請來管紹華、臥雲居士等名家與她配戲。雍竹君見時機成熟，家裏也支持，於是置辦行頭，登報下海。頭一場貼演《四郎探母》，二一場貼演《武家坡》帶《算糧登殿》，第三場《玉堂春》，在吉祥售票公演。三場爆滿，一炮而紅。一時「洋妞唱戲」的新聞傳遍全國。

接著她掛頭牌，組織了更強的陣容，有譚派老生楊寶忠、龔派老旦臥雲居士、楊派武生吳彥衡等人，一起到天津、下武漢、赴上海，在妙舞臺、新明戲院、明星大戲院、新市場大舞臺、共舞臺、黃金大舞臺，連續演出了梅派《玉堂春》、《四郎探母》，《汾河灣》、《貴妃醉酒》，程派戲《六月雪》等二十多齣劇目。尤以程派名劇《賀后罵殿》最為出色。以至連連加演，名動公卿，各地名伶、社會賢達和新聞報刊無不蒞臨捧場。連蔡元培在《日記》中也有頻頻讚譽。

雍竹君是一位德國姑娘，卻能躋身於中國京劇界，並能以掛頭牌的身份挑班領銜演出，著名前輩演員均肯作為綠葉扶持，在近代京劇中也是絕無僅有的。三十年代末，不知何故，雍竹君退出了舞臺，從此使杳如黃鶴、不知所終。

江青

江青（1914～1991）原名李雲鶴，在上海從藝期間曾用名藍萍，抗戰時期投奔延安，取「青出於藍而勝於藍」之意，更名江青。江青於 1914 年出生於山東諸城的一戶平民之家。十五歲中學肄業，考入濟南省山東實驗劇院，學習戲劇表演，一度與趙榮琛同學。受業於洪深、鮑吉祥、孫怡雲、郭際湘等名師。其時，王泊生任教務主任。

上世紀二十年代江青（藍蘋）的小照

「九一八」之後山東實驗劇院報散，李雲鶴曾隨王泊生的劇團巡迴演出，演出話劇《娜娜》、《雷雨》和京劇《打魚殺家》等劇。因與王泊生屢生矛盾，便離團隻身去了上海闖蕩。在左翼文人的支持下，她以藍蘋的藝名進入電影界，當了電影演員。曾與趙丹、顧爾已、魏鶴齡等人合作，拍過數部電影，紅火一時。1933 年，她以熱血青年的資歷，秘密加入中國共產黨。但是她在個人生活方面殊不如意，與第一任丈夫唐納發生婚變，成為滬上轟動一時的花邊新聞。1937 年秋天，她為了追求革命，毅然進入延安，改名江青，進入紅軍大學。學習期間與毛澤東發生了熱戀。在所有中央委員不看好的情況下，與毛澤東閃電結婚。為此，中央委員們提出了「約法三章」，不允許江青參與政治。

這一時期，江青為人處世十分低調，很少出頭露面搶風頭。她有京劇表演之長，但也很少染指其間。在延安評劇院成立之際，很多人請她指導和獻技，她都堅辭推脫，稱自己充其量是個京劇票友。在延安的文獻記載中，江青登臺演戲只有了了幾次。均是在美國訪問團和大後方名人訪問團造訪延安時的大型歡迎晚會上露面。演出過《打魚殺家》。

新中國建立後，她只是個十三級的小幹部，任電影指導委員會委員和宣傳部電影處處長。她參與過對電影《武訓傳》的批判和帶隊赴山東調查武訓生平的活動。用她自己的話說：「進城以後，我的身體一直不好，只能做些力所能及的事情。幫助主席看看報紙，觀察文藝動態，整理整理文件，當一名紅小兵。發現問題時，向主席彙報，供主席參考。」（見文革初期的《江青同志的講話》）

後來，她果然發現了不少問題，發現了文藝界有一條又大又粗的黑線。在毛的支持下，江青與林彪，陳伯達、張春橋炮製的《林彪同志委託江青同志召開的部隊文藝工作座談會紀要》，一九六六年四月作為中共中央文件印發全國。《紀要》認為，建國十七年來的文藝界「被一條與毛澤東思想相對立的反黨反社會主義的黑線專了我們的政。」《紀要》的出籠，造成一場自上而下的、空前的、全國性的大動亂。在毛和江青親自組織的批判新編歷史劇《海瑞罷官》之後，文化大革命全面啟動。一場猝不及防的劫難席捲文藝界，教育界和全國各條戰線，從而釀就「十年浩劫」。

1963 年起，江青正式進入政治舞臺，她以「京劇革命」為名，禁演了所有的古裝戲，親自培養了八齣「革命樣板戲」唱徹全國，為文化大革命搖旗吶喊，橫掃一切「牛鬼蛇神」，釀成冤假錯案遍野，全國武鬥，血流成河。1966 年，江青升為中央政治局委員，權傾朝野。

1976 年毛澤東死後，「四人幫」被捕。中共決議，開除江青黨籍，撤銷一切職務，判處死刑，緩期二年執行。1991 年 5 月 14 日自殺身亡。

盛岫雲

穎若館主居臺時舊照

盛岫雲（1917～200？），自號穎若館主，是臺灣「程派四大天王（張遏雲、周長華、高華和穎若館主）」之一。盛岫雲出生於上海，祖父盛宣懷原是清末李鴻章身邊的文官，在「洋務運動」期間，官至尚書，主抓經濟改革，創辦了輪船、鐵路、郵電、鋼鐵等大企業，成為上海第一豪門。盛岫雲排行第五，人稱盛五小姐。她從小就跟著父母看程硯秋的戲，並以重金向程硯秋先生學戲。據說學一段，花去一兩金的束脩。並請程硯秋的琴師周長華為她操琴弔嗓。1947 年，與周長華結婚，藝乃大進。

1949 年，夫婦赴臺定居，時常登臺演出《四郎探母》、《碧玉簪》、《桑園會》、《六月雪》、《鎖麟囊》等戲。盛岫雲扮相俊美，嗓音清脆甜潤，佐以名琴，真如行雲流水，無懈可擊。平時，夫婦二人在電臺說戲，計有《鎖麟囊》、

《文姬歸漢》、《桑園會》等。她夫婦最後一次合作《玉堂春》，戲演完了之後，周長華即以腦溢血逝於後臺，享年不到50歲。

幾年後，盛岫雲與香港邵氏影視公司駐臺代表馬芳蹤結婚。鍾榮曾撰文說：1988年，我們江蘇省京劇院赴港演出，萬萬沒想到館主和她的先生馬芳蹤，從臺北趕到香港看戲。當他們看了我演的《六月雪》和《女起解》，覺得遇到了知音，特別高興。演出結束後他們來函要我的錄音帶。通過幾年的書信、電話和來訪，我們逐漸成為摯友。館主性格直率，待人真誠，快人快語；馬先生憨厚熱情，又寫得一手好文章，曾著有《坐懷不亂》等書。他對程派藝術也是情有獨鍾，並拉得一手好二胡。當我聆聽了館主演唱的《玉堂春》和《鎖麟囊》的實況錄音之後，油然起敬。她嗓音寬厚，中氣十足，噴口有力，吐字歸韻嚴謹規範，無懈可擊，酷似程先生之極，實不愧為臺灣程派四大天王之一的名票啊！

兩岸關係鬆動後，她常到南京來，對南京有著深厚的懷舊情愫。每次來南京都要去逛夫子廟，追憶當年在夫子廟聽評彈時的情景，又不顧疲勞地步行到碑亭巷找他們以前常去吃飯的湖南「曲園飯館」。蘇州「留園」也是她特別眷戀之地。她爺爺盛宣懷從朝廷告老還鄉後，把繼承下來的「留園」重新修建了一番。並把「冠雲峰」的雲字取到孫女的名子內。這就是岫雲之名的來歷。

郎毓秀

郎毓秀（1918～2012）是我國著名花腔女高音歌唱家和聲樂教育家，其祖籍為浙江杭州，1918年出生於上海。她的父親郎靜山是世界聞名的攝影大師，一生酷愛音樂。在她父親的影響下，郎毓秀自幼喜歡唱歌，極富音樂天賦。16歲時考入上海國立音樂專科學校主修聲樂。在校期間，因成績突出，就為同學賀綠汀錄製的四重唱《湖堤春曉》擔任女高音。問世之後，影響極大，先後應邀為百代公司錄製了二、三十張唱片，其中《杯酒

郎毓秀演出《貴妃醉酒》的劇照

高歌》、《天倫》等歌曲一推出，便獲得成功，她那甜潤清純的歌喉，便打動了無數聽眾，使她在中國和東南亞的聲譽鵲起。

她主攻西洋美聲唱法，曾率先在上海演唱意大利歌劇《蝴蝶夫人》，並在電臺舉辦的音樂比賽中，奪得第二名。當時，從法國歸來的冼星海聽她的唱歌後十分讚賞，送給她許多外國歌譜，並對其父郎靜山說：「令嬡很有音樂天賦，應該盡快送她出國深造，將來必成大器。」

郎毓秀對京劇也十分地迷戀，一有機會就與父輩們一起去劇場欣賞京劇。她對京劇、崑曲的旦角發音有著獨道的見解，認為京劇吐字發音儘管與西洋發音法有諸多的不同，但其弦律和韻味，也是西洋唱法可以吸收借鑒的。郎靜山先生也很贊同她的意見。支持她主修西洋歌曲的同時，研究學習京崑藝術。為此，還特意為她延請了上海的名伶、名票教她演唱京劇。梅蘭芳對她這種沒有門戶之見的學習精神，也十分看重，常把毓秀約到綴玉軒中，親自給予指導。

梅蘭芳說，郎毓秀本錢足，悟性好，行腔板眼準確，就是京味不足，勉其多加體會、多練習。毓秀根據梅蘭芳的指教，在京劇行腔吐字與西洋歌唱的區別之間，認真琢磨練習，終於研究出一套獨特的演唱規律，唱起來，別有風味。在此期間，她認真地學習了《貴妃醉酒》、《武家坡》、《桑園會》等許多齣青衣戲。有一階段，每日練練功、調嗓子，儼然成了一名地道的票友。

1937 年，郎毓秀考入比利時布魯塞爾皇家音樂學院，她學習刻苦，成績優異。第二學期就成了全校惟一得滿分的學生，獲得了高額的獎學金。在校期間，時常應邀到大使館舉辦的招待會上參加演出。在演唱西洋歌曲之後，郎毓秀總要再唱上一段京劇，深為各國使節歡迎。她還曾與另一位學醫的留學生程一雄一起合作，在比利時的布魯塞爾和法國的巴黎招待會上，化妝彩唱了京劇《武家坡》，使歐洲人頭一次觀賞到中國京劇的表演，其獨特的藝術魅力，令他們耳目一新，博得了無比熱烈的掌聲！

後來，她又到美國俄亥俄州辛辛那提市師範學院、音樂學院深造。解放時回國，出任成都華西大學音樂系主任。先後參加中國文化代表團訪問意大利、法國、瑞士三國，並舉行獨唱音樂會，被媒體譽為「像天鵝絨般柔美、滋潤」、「對歌曲的處理用情和表達是那樣的準確獨到，使人感動不已！」

她在成都工作期間，時常約請專業劇團的京胡琴師劉民封等人，為她操琴調嗓，演唱京劇，對京劇發音科學化，也進行了深入的研究。她的先生蕭濟醫師也是一位京劇愛好者，二人常一起切磋京劇。

郎毓秀精通英、法、德、意四國語言，出版了《卡魯素的發聲方法—嗓音的科學培育》、《歌唱學習手冊》等聲樂譯著。晚年，又忙於美聲流派理論與實踐類書籍的翻譯工作，並有意撰寫一些有關京劇藝術的書，以向西方讀者推薦東方戲劇藝術。為此，她常常工做到深夜一、二點鐘才休息。她說：「經常參加社會活動，從事譯著工作，雖然忙一些，但生活充實有意義，更有利於身心健康。」

丁至雲

丁至雲（1920～1989），原名學秋，曾用名趙學芳。原籍河北武清縣人氏，世居天津，係名門閨秀。她自幼愛好京劇，父母溺愛，特為其請來了著名的開蒙老師王雲卿、名票王庾生和王瑤卿弟子金碧豔等人到家中指導。丁至雲十分用功，下學之後，即開始練功、吊嗓，很多青衣戲學的比科班子弟還紮實。而且，她的嗓音甜美豁亮、韻味十足，即響堂又打遠；而且扮相端莊秀美，人人都說她是個「角兒坯子」。

丁至雲十餘歲即參加了由天津票友組成的漁陽國劇社，經常應邀票演於京、津各地，自此開始有了名氣。有好事者將之編為雅謔：「大小姐唱戲，即是名閨又是名票」。

1938 年為深造梅派藝術，曾向王瑤卿、徐蘭沅請益，還與金少山、譚富英、楊寶森、李多奎及名票張伯駒、王庾生、包丹庭、從鴻奎、朱作舟等多次合作演出，口碑絕佳。

1942 年夏天，北平廣播學會聯合國劇學會一起，舉辦京、津、唐票友清唱比賽。比賽分老生、青衣兩組，名票爭相報名。通過分組預賽，選出生、旦兩組前 10 名，然後通過電臺演播，再從中選出每組的前三名。大賽的裁判有譚小培、時慧寶、雷喜福、王瑤卿、尚小雲、荀慧生、徐蘭沅等京劇名家。

那天，參賽者自帶琴師一名。電臺直播間演唱時，只報選手序號，不報人名。裁判坐在各自家中的收音機旁，經辦單位派人陪同，收聽選手清唱，對參賽者的嗓音、韻味和板眼當場打分。賽完，將打分報表由陪聽人員帶回，經辦者們再匯總打分，按選手得分多少排出名次。結果，青衣組第一名為趙學芳。人們對這個名字都很陌生，直到頒獎時才得知，趙學芳就是天津女票友丁至雲。

由此，丁至雲名聲大振。不久她便下海從藝了。自己掛頭牌，組班為至雲京劇團。1948年，正式拜梅蘭芳為師。常演的劇目有《玉堂春》、《鳳還巢》、《太真外傳》《西施》、《奇雙會》、《生死恨》、《宇宙鋒》、《四郎探母》、《貴妃醉酒》、《紅鬃烈馬》、《霸王別姬》《寶蓮燈》、《穆桂英掛帥》等。從藝之餘，還用家中的資產創辦了「同芳慈幼院」，為幼兒慈善事業做了不少貢獻。

丁至雲與名票張伯駒合演的《坐宮》

1956年天津京劇團成立時，她成為頭牌青衣主演。經過公私合營和多次運動，家中經濟情況江河日下，她獨自帶著三個小兒女到處演出，個中淒苦，令人動容。文革中被抄家、批鬥，下放天津第一機械工業局所屬工廠當了工人。文革以後，才獲平反歸隊。

任均

任均（1920～202？），出生於一個革命的知識分子家庭。父親名叫任芝銘，任均七歲在河南開封北倉小學讀書，中學入開封明倫女中讀書。後來隨父遷居北京，入北京志成中學就讀。志成中學是教會學校，歐風東漸，觀念較新，愛好文藝的年輕人更看重話劇之類新的藝術種類。她在假期中，曾赴上海向著名導演萬籟天學習話劇表演。

1938 年冬，他父親親自送任均到延安參加革命，並考進了延安魯迅藝術學院第三期戲劇系，開始系統學習戲劇基本知識。次年，加入了中國共產黨。本想當一名話劇演員，但事與願違，竟然從事起京劇表演了。

任均在自傳《我這九十年》一書中說：「我小時候，藝術種類不多，年輕人只要喜歡文藝，都會接觸戲曲。和那時候很多孩子一樣，我從小就喜歡戲曲，喜歡那唱腔、那身段、那色彩斑爛的戲裝。在北京上學時，我課餘就向劉鳳林學著演過兩齣京劇——那時叫平劇，因為北京叫北平，一是演《鴻鸞禧》的金玉奴，二是演《御碑亭》裏的小姑。」可以說，當初她只是個普通的小票友。用她的話說：「物以稀為貴」，就是這麼一個小票友，在四十年代的延安，竟成了赫赫有名的「延安梅蘭芳」。

延安平劇院演出的《四郎探母》任均飾鐵鏡公主

延安的生活很困難，吃飯都是統一的食堂，大多數時候都只能吃到小米飯，偶而吃個饅頭就高興得不得了。但是大家在一起學習很高興，沒什麼煩惱。延安的業餘文化生活很少，天一黑就沒了動靜。中央機關組織些聯歡會，要是演話劇，人們也不愛看，因為沒有鑼鼓動靜，引不起人們的興趣。於是，就有些人提議演京劇。但大家都是票友，觀眾要求不高，有動靜就行。這個打鼓，那個拉琴，能唱旦的唱旦，能唱生的唱生，就這樣，魯藝就演起了京劇來。她過去學的《鴻鸞禧》就成了拿手戲了。花花綠綠的扮上，鑼鼓一響，幹部群眾就都圍了上來。毛澤東、周恩來、賀龍、康生等中央領導是場場必到。

從 1939 年春天開始，任均參加了多次臨時組織的京劇演出。最初演出《鴻鸞禧》的前兩折，只演到「拜杆」。說是傳統戲，但當時是穿著花一點的現代服裝演出的，因為延安還沒有戲箱，只能有什麼就穿什麼演。第二齣戲演的是《打漁殺家》，阿甲主演蕭恩，任均扮演蕭桂英，崔嵬演教師爺，同臺演員還有石暢等。

1940 年魯藝成立了以專業研究、演出京劇為宗旨的平劇團，全稱魯藝平劇團。團員最初二十餘人，演出時還需要團外的業餘愛好者參加。後來人數逐漸增多，達到四十餘人，中小型劇目可以演出了。任均便成了該團的當家花旦。周恩來還親自寫信表揚了她。

後來，從大後方來了一個跛子叫唐富堯，原是富連成科班出來的青衣，因為傷了腿，無以為生，討飯來到延安，一看是個內行，就留在了劇團教戲。任均先後學會了《十三妹》，《玉堂春》、《宇宙鋒》、《龍鳳呈祥》、《梅龍鎮》，《奇雙會》。後來，賀龍還從外邊給買來一些行頭，延安的京劇也就越唱越火紅。

毛澤東愛看古裝戲，每有演出，他總來看。有時演出之後，他會見全體演職員，並同大家一起吃夜餐。一個星期天，毛澤東請任均和阿甲、羅合如、陳沖、陶德康、李綸、石暢、方華，王一達，到家中吃飯。大家驚訝地知道，毛主席對那些京劇流派、名角都挺熟悉。還請他們聽了好多京劇唱片，梅蘭芳的，程硯秋的，馬連良的，生角的，旦角的，全都有，都是傳統戲。在當時的延安，京劇唱片可是稀有的東西。

在長期的舞臺實踐中，任均從一個小票友變成一個專職京劇演員。直到全國解放，任均才離開舞臺，嫁給王一達為妻，成了外交官的妻子。

姚慕楚

姚慕楚（1920～2012），上海「程派」名票。出身於清末官僚家庭，自幼喜好京劇，但其父不允許女孩子拋頭露面、玩票學戲。但由於對其寵愛，准其在閨中自娛。及笄，嫁夫林天池。天池曾從名票許良臣先生的琴師吳凌如學習余派老生，所以對她學戲全力支持。數十年來，不論社會政治風雲及家庭經濟情況如何變化，對京劇依然研習不綴。

最初，姚慕楚請名家劉占虛到家中教了《金玉奴》及《樊江關》，又向魏蓮芳先生學了青衣《生死恨》、《宇宙鋒》。看了程硯秋先生的演出後，遂迷上程派。凡是程先生來上海演出，就場場不落空。一直至看到解放以後，程先生的《英臺抗婚》。

吳凌如先生根據她能用立音演唱的條件，教她老「程派」的唱法，第一齣戲是《賀后罵殿》，後來又學了《三擊掌》、《武家坡》等。隨著進步，她經常應邀到江上行先生主持的南京西路「大中國廣播電臺」演唱，還與李家載一起唱過《賀后罵殿》。賀稚英和顧森伯兩位先生聽了她的演唱後，主動提出願意義務教他「程派」戲。從此開始了鑽研「程派」的生涯，一恍就是六十年。

她組織了家庭票房，數十年如一日，從未間斷，只有在「文革」時期中止。常來活動的有許良臣、劉叔詒、李家載及他們的一些學生；梅派青衣魏蓮芳、李碧慧、畢谷雲；程派青衣賀稚英、夏邦琦、顧永良、陶秀蘭、胡永祥等等；李薔華、趙榮琛、王吟秋、新豔秋等名家也時常光臨。

「文革」結束後，四人幫被打倒，傳統戲恢復了。姚慕楚參加了上海程派藝術研究會，先後為水災的賑災、失學兒童救助義演。此外，還參加了紀念程先生逝世三十週年的大型演出。

李麗華

李麗華（1924～2017），原籍河北，上海人，出生於梨園世家，是中國影壇上一顆耀眼的電影明星，也是一位出色的京劇名票。

李麗華的父親是著名小生李桂芳，母親張少泉，都是名揚一時的京劇名角。李麗華生來體弱多病，因此取名「小咪」。她在家庭的薰陶下，從小就熱愛京劇，在父母的支持下，十來歲就拜在京劇名宿穆鐵芬和章遏雲的門下開始學戲。李麗華天資聰穎，長進很快，學的第一齣戲是《金鎖記》，為她在以後的表演生涯打下了堅實的基礎。經過多年的苦練，本想把父母的事業承繼下去，但是陰差陽錯，她卻投身到電影事業中，成了一個京劇票友。

李麗華在電影事業上戲路很寬，能勝任各種角色，尤以古裝片，如《楊貴妃》、《三笑》、《千里送京娘》等，這些表演均得力於他的京劇基礎，並使她迅速成名。隨後《故都春夢》和《萬古流芳》等片，更是多次創下票房的最高紀錄。

李麗華的古裝戲劇照

李麗華很會表演，能勝任各種角色。她在《假風虛凰》中扮演冒充華僑富商之女的窮寡婦；而在曹禺編導的《豔陽天》中，又扮演正直的新聞記者；在諷刺喜劇《說謊世界》中，她扮演八面玲瓏、說謊成性的交際花；而在《誤佳期》中，曾扮演堅強、可愛的紡織女工。她的這種過人的表演功力，在銀幕上塑造出很多鮮活可愛的人物，博得無數影迷的好評。她多次榮獲金馬獎。1978 年在臺灣主演影片《新紅樓夢》及電視連續劇《聖劍千秋》。前後共拍攝影片一百二十餘部之多。

李麗華的京劇功底也沒有白費，他曾在電影《秋海棠》中，為秋海棠唱京劇配音。還為電影《天橋》的戲中戲《武家坡》配唱。是把京劇導入故事片中的第一人。她還經常以票友的身份參加各種義演，化名為李瑜英。例如，在四十年代上海保險業京劇票房演出中，她演出文武帶打的《金山寺》，從技巧和演唱方面不遜專業，足證她的工夫非同一般。

除演戲之外，李麗華還經營有自己的電影公司。早在 1954 年，她便創辦了麗華影片公司，並拍攝過《一鳴驚人》等影片。在 1957 年，她又與當時一位較為出名的演員兼導演嚴俊合組了金龍影片公司，拍製過《遊龍戲鳳》等影片，二人更在日後結為連理，成為銀幕夫妻。1983 年起，他決定息影影壇，移居美國。

夏夢

夏夢（1930～2016），本名楊閑，著名電影演員。祖籍蘇州，1932 年生於上海，就讀於瑪利諾女書院。在上個世紀五、六十年代的中國大陸和港澳臺的電影觀眾中，夏夢的大名無人不知，無人不曉。她在銀幕上塑造的一個又一個栩栩如生的人物，至今依然留在觀眾的記憶裏。

楊閑從小愛看京劇，工青衣花旦，是家庭戲班的主角。課餘時間愛看電影，喜歡唱歌、跳舞、演話劇。校園裏她是初露鋒芒的文藝骨幹，深得大家的讚賞。十七歲，楊閑懷著好奇之心，和一些同學到長城電影製片有限公司，觀看李麗華拍《紅樓夢》。她以身材修長，清純亮麗，被導演李萍倩慧眼看中。於是進入長城電影公司，成為公司的首席女演員。主演《禁婚記》、《娘惹》、《門》等影片。她主演的《絕代佳人》和《新寡》，獲文化部優秀影片一等獎。

因為她對京劇十分迷戀，得到諸多京劇名角的指教，還曾得到梅蘭芳、程硯秋的親炙。能戲有《坐宮》、《三娘教子》、《武家坡》等。所以，她演起古裝戲劇電影得心應手，傾心投入。她拍攝的古裝悲劇片《同命鴛鴦》、越劇戲曲片《三看御妹劉金定》、《金枝玉葉》和她反串演出的越劇戲曲片《王老虎搶親》，從扮相、形體、動作都很到位，這些都得益於京劇旦角的基本訓練。

1976 年，夏夢告別了從影 17 年的生活，移民加拿大定居。在老一輩的影迷心中，夏夢是一位可與奧黛麗・赫本相媲美的女明星。

夏夢在戲劇電影《王老虎搶親》中反串小生（右）

齊嘯雲

齊嘯雲（1932～2003）的一生極富傳奇色彩，她是一位京劇女票友，不僅專諸於京劇淨角藝術的演唱和表演，享有「京劇第一女淨」的聲譽。同時，她的人生跌宕起伏亦是令人感慨扼腕，幾如神話。

齊嘯雲原名齊潤霖，出身於鐘鳴鼎食之家。先祖浙江杭州人氏，祖父曾在南方做過清朝的道臺。清室遜位之後，舉家北上，遷至天津。父親齊協民家學淵源，文采蜚然，辦過報紙，當過主編，頗有社會聲望。且一生好戲，與往來津沽的京劇名伶多有交際。梅蘭芳、尚小雲、張君秋、錢寶森、郝壽臣、裘盛戎、馬連良、李少春、袁世海等京劇名角和國畫大師齊白石都是齊家座上客。就是馬上馬下的政界聞人，如張學良、袁寒雲亦常登門駐足閒話。客廳常期設有琴臺畫案，文武場面，主客們茶餘飯後，檀板清歌，渾然作場，宛若洞府仙臺，日日銷金無數。時稱「齊府小孟嘗」。1932 年農曆壬申年，齊嘯雲就出生在這樣一個家庭中，她原名潤霖，乃是其父的好朋友畫家齊白石先生所起，取「天露甘霖，永潤其身」的意思。這個小潤霖，果然仙祐神護，從襁褓到豆蔻，一直生長在糖飴蜜罐之中，從未受過半點兒委屈。

小潤霖生性倔強，不好脂粉，偏喜男裝。行動坐臥盡效男兒。家中的笙歌作場，先是耳濡目染，進而樂此不疲，過早地開啟了小潤霖的心扉，遂與京劇結下了不解之緣。她三歲時就能登臺清唱《秋胡戲妻》，六歲時，就為馬連良的《三娘教子》配演小薛寶，頗受好評。小潤霖不喜歡旦角。她說：「旦角在臺上扭扭捏捏的，沒勁。」她喜歡大花臉的龍吟虎嘯，氣宇雷霆。而且，她天生有虎音，有炸音，一聲包龍圖，聲震瓦瓴。時常來家作客的名伶，她最喜歡郝壽臣、錢寶森和裘盛戎。大小姐要學大花臉，誰也擋不住。於是，郝壽臣精心指點，還給她起了嘯雲的藝名。從此，她便與京劇花臉結下了不解之緣。

十歲時，她便用嘯雲的名字到天津「雲吟國劇社」學戲、票戲。世間少見的女花臉已有傳名。但她並沒有以唱戲為職業的想法。十四歲的時候，她考進北京一所美國教會中學讀書，不但掌握了一口流利的英語，而且落筆成章，頗有乃父的風采。不到二十歲時，便在天津《中華日報》發表雜文，針貶時事，諷刺國民黨接收大員貪污腐敗，遭到天津警備司令部通緝，不得不躲進美國駐天津領事館避難。領事館見她中英雙語俱佳，就聘用她在圖書館作資料員工作，薪金不菲。

《盜御馬》齊嘯雲飾竇爾墩

但好景不長，1948 年秋天，天津臨近解放。美國領事館開始撤離，館中工作人員差不多都跑了，而齊嘯雲忠於職守，依然守在圖書館裏。沒想到，有一天一個兵痞把一顆手榴彈扔進了圖書館裏，頗有男子性格的齊嘯雲，反身撿起那顆冒著煙的手榴彈又給扔了回去。但為時已晚，手榴彈在半空中爆炸了，飛出的彈片劃破了她的額頭，熱血直流。差點兒失去性命的齊嘯雲被送進醫院。待其傷癒出院的時候，天津就解放了。她考入北京燕京大學，研讀經濟。1952 年畢業後，分配到國家外貿部門工作。在「審幹」運動中，她如實地向組織說明了當初進入美國領事館工作時的情況，這在當時就稱為「如實向組織交待自己的歷史問題」。沒有料到，從此她被列入了「特嫌」人員名單。發往雲南貴州一帶「內部控制使用」。從此背上了這一口「特嫌」黑鍋。其境遇可想而知。

隨著一場場運動的開展，階級鬥爭的口號越演越烈。背著黑鍋的嘯雲在單位越來越沒有立足之處了，最終被開除了事。她開始試著「下海」，到了一個小劇團當演員。本想以「女花臉」之長，為劇團謀一發展，自己也好安身立命。奈何文化部有明文規定：「只准男演男、女演女」。不准男旦、女淨上臺。這又斷了嘯雲的生路。

此時，家庭也發生了巨變，以前她父親齊協民對實業的投資，公私合營後都打了水漂，還被定為歷史反革命，抑鬱而終。文革爆起，房產充公，家裏被抄得一乾二淨。齊嘯雲成了無業游民。在街道的監督改造下，她以收破爛、送煤球為生。蘭州市文化局局長因在早年受過齊協民先生的幫助，不忘舊誼。便借蘭州京劇團缺少淨角老師之名，調嘯雲到蘭州任教。1971 年冬天，蘭州市文化局藝術科科長馬僉先生到天津去接齊嘯雲，見面的時候，只見她衣衫襤褸，穿著一件破背心，一雙破網球鞋，拖著一輛架子車正在送煤。其生活艱難的境況，實在慘不忍睹。約她到蘭州教學，真是雪中送炭，濟人之危。她十分珍惜這份工作，在蘭州京劇團的歲月裏，如裹腳的小媳婦一樣，不敢多說一句話，不敢多走一步路。兢兢業業地做好她份內的事情，認認真真地教導著幾個學「銅錘花臉」和「架子花臉」的學生。她在蘭州渡過了一段避難的日子，收入不多，生活比較穩定，但是，在藝術上卻沒有施展才華的餘地。

文革結束之後，齊嘯雲與全國人民一起迎來了希望的春天。1981 年秋天，齊嘯雲被徹底平反，摘去了「特嫌」的帽子，並重登舞臺。在蘭州大劇院主演傳統戲《赤桑鎮》《草橋關》等幾齣「銅錘花臉」的經典劇目，以「坤淨」「包拯」「女花臉」的扮相出山亮相，蜚聲遐邇。終於在蟄伏了十多年後，虎嘯雲天，揚眉吐氣。

為了「開放搞活，藝術聯姻」，「團結海外，京劇搭橋」。1986 年調入中國京劇院，加入了祖國和平統一促進會，隨團到香港、臺灣演出。齊嘯雲一曲「包龍圖打坐在開封府」，打動了愛國僑胞，名揚天下。

齊嘯雲的藝術事蹟和昔日的坎坷見著報端之後，竟驚動了美國駐華大使館。當年，齊嘯雲在天津領事館被手榴彈炸傷的住事，在美國人看來是「保護美利堅合眾國政府財產」的一大義舉。美國人將這件事情早已記錄在案，還給齊嘯雲留存著一大筆補償金。只是，美國人根本不知道當年的「密斯齊」究竟在何處，無法表示慰問。如今知道了斯人的下落，終於將這筆補償金鄭重地送到了齊嘯雲的手中。並且，邀請齊嘯雲做為「友好大使」赴美講學。她還特意飛赴夏威夷，拜晤了乃父的舊交張學良將軍。為中美友誼和祖國統一做出了應有的貢獻。

文墨名票

辻聽花

辻聽花（1868～1931）先生是近代著名的漢學家、中國戲劇研究家、劇評家，也是一位酷愛京劇的日本票友。他對中國京劇的理論建設曾做出過突出的貢獻，並且是推出京劇「四大名旦」創始人。

辻聽花，本名辻武雄，號劍堂，乃日本學人。明治元年出生於熊本縣，1898 年畢業於慶應大學，為考察中國教育來到中國。他的朋友們款待他，請他到戲園子看了幾場京劇。他對舞臺上那絢麗多彩的服飾，優美動人的唱腔和東方獨具的表演風格所吸引，驚歎地說道：「不可思議的是，從我初次觀看中國劇的那一刻開始，就十分喜歡，覺得很有意思」（見其《中國劇及劇本》一文）。

1905 年，辻聽花再次來到中國，先後在「江蘇兩級師範學堂」和南京「江南實業學堂」擔任教習，並在上海參與《教育報》的編輯工作。這一時期，他幾乎日日看戲，並結識了很多京劇界的朋友，於是，產生了深入研究中國京劇的想法。從 1912 年起，辻聽花在北京任日本在華報紙《順天時報》的編輯，開始了長達二十年的聽戲和研究戲劇的報人生涯。

二十年間，辻聽花對京劇的發展作出了多方面的貢獻。他利用報人之便，撰寫了大量劇評。在他眼中，京劇並非僅為市井之娛，而是深奧複雜、值得研究和推廣的藝術。

據么書儀的統計，在該報「菊室漫筆」、「東欄雪」、「縹蒂花」等專欄中，辻聽花撰寫的劇評在千篇以上。在劇評中，辻聽花尖銳地指出京劇發展所面臨的困境：華人對戲劇的喜愛重在聲色，卻茫然不覺對戲劇應有藝術上的尊崇；學者也輕視曲本，疏於研究；世人鄙視優伶，優伶亦不自重。綜觀辻聽花在劇界的活動不難看出，他正是從強調京劇的藝術性、重視京劇研究、提高伶人地位這幾個方面致力於推動京劇發展的。

辻聽花與京劇界的朋友（右為辻聽花）

辻聽花感慨於中國「唱戲的是瘋子、看戲的是傻子」的現狀，想方設法提高演員地位。他利用報紙媒體的力量和自己廣泛的人脈策劃過不少劇藝活動。1927 年 6 月 20 日至 7 月 20 日，《順天時報》舉辦了「徵集五大名伶新劇奪魁投票」活動。這一活動被中國戲曲研究界頻繁提及，是因其與「四大名旦」相關。實際上，投票的目標並非「四大名旦」本身，而是五大名伶的新劇劇目（「五大名伶」中包括了如今所說的「四大名旦」，多出的一人是徐碧雲），但此次投票確成為「四大名旦」產生的源頭，並且促進了京劇表演藝術由以生角擔綱開始向旦角轉移。

此次活動的發起人和組織者從活動開始前的預告、進行中的報導直至結束後的總結，都出自辻聽花一人之筆。通過這次歷時月餘、廣泛發動群眾參與的投票活動，在促使人們關注新劇的同時，提高了京劇演員的知名度。梅、尚、程、荀「四大名旦」的正式形成起到了絕對的作用。彼時《順天時報》的發行量達三萬五千份。其對京劇的宣傳力度已十分可觀。對伶人自身是一種有力的鼓舞與獎掖，也史創空前了。

一九三一年，辻聽花病逝於北京西城西直門寓中。北京幾乎所有的京劇知名藝人紛紛前來弔唁。梅蘭芳包辦了全部奠儀，尚小雲送來了楠木壽材。送喪隊伍逶迤近里，隆重場面不次公侯。

羅癭公

羅癭公（1872～1924），名敦曧，字掞東，號癭公。祖籍廣東順德。生於仕宦人家，其父供職於翰林院，任編修。羅癭公少年時，就讀於廣州萬木草堂，與陳千秋、梁啟超等同為康有為弟子。成年後隨師到京，入國子監深造。1905 年應考經濟特科，授郵傳部司官。辛亥革命後，歷任總統府秘書、參議、顧問等職。

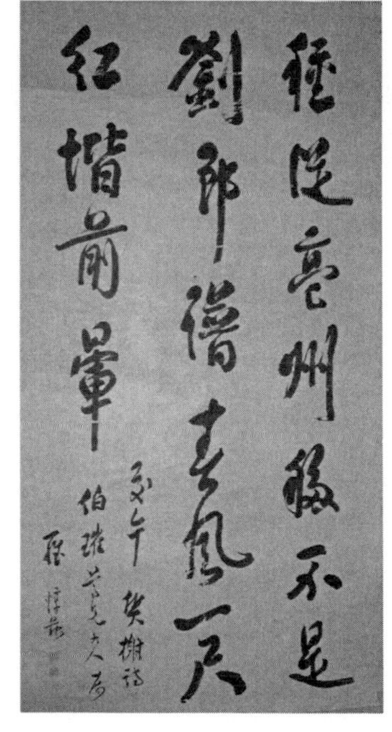

羅癭公素喜京劇，暇餘即入茶園聽戲，也常與朋友出入票房，與當時伶、票兩界名人稔熟。自詡「半個票友」。會唱，但從未登過臺，他把畢生的精力傾注到京劇舞臺之上，培養出一位京劇大師程硯秋。

袁世凱稱帝前夕，羅癭公退出官場，以賣文鬻字為生。暇時以詩、酒、琴、曲自娛。對京劇諳熟，不僅會唱，而且對戲的結構頗有研究，嘗以編寫劇本為樂。彼時程硯秋才露頭角，幼時家境貧寒，六歲時賣身榮蝶仙門下學戲。精通於花旦、武旦、刀馬旦，十三歲即成名角。當紅之時開始「倒嗓」，而榮師傅仍迫演出。羅癭公對他十分喜愛，慮及他的前途，用七百大洋將其贖身出師。

程硯秋贖身後，遂入羅癭公門下。羅癭公親授識字讀詩，指導養嗓，又延請名師王瑤卿、閻嵐秋、喬惠蘭、張雲卿等教習京劇、崑曲、武功。兩年後，程硯秋嗓音恢復，而且在羅癭公的建議下，對於倒嗓時造成的「腦後音」和「鬼音」，因勢利導，創造出一派新腔，風靡全國。1921 年，程硯秋獨立成班，經過長期的歷練，終成一代京劇大師。

羅癭公像父親一樣從多方面嚴格要求程硯秋。程的齋名叫「御霜簃」，是羅癭公起的。意即要求抗禦陋風惡習，決不隨波逐流。程硯秋曾一度沉迷於麻將，羅癭公在病榻上給他寫了一封措辭嚴厲的長信，告誡他要潔身自愛，珍惜前途。程硯秋見信後非常愧疚，立即醒悟。程硯秋在上海演出時，多次遇到女戲迷的追求，都被程以合適的方式處置了，既保全自己，也沒傷害他人。和同時代許多名伶不同，程硯秋一生於鴉片、賭博、女色都能遠離，這都是羅癭公教誨的結果。

程硯秋演出時，羅癭公不僅極力為其捧場，且親自編寫出了《梨花記》、《紅拂傳》、《風流棒》、《鴛鴦冢》、《玉獅墜》、《孔雀屏》、《青霜劍》、《金鎖記》等適於程硯秋演唱的劇本，以演婦女反抗封建壓迫、爭取婚姻自主的故事為多。

羅癭公著述甚多，有《癭庵詩集》、《鞠部叢譚》及《太平天國戰記》、《戊戌德宗之密詔》、《庚子國變記》等書，均由程硯秋出資印行。

陳剛叔

陳剛叔（1875～1935），名運培、字少軒，號剛叔，別號「天罡侍者」。鎮江人，出身傳統的詩書之家，曾受聘為官府幕賓。生平酷愛皮簧，天生一副好嗓子，工老生，私淑孫菊仙，擅演《朱砂痣》、《逍遙津》、《七星燈》、《魚藏劍》、《戰北原》等戲。

他曾以天罡侍者別號，在武漢、北京、天津等地粉墨登臺，頗負盛名。又在上海先後參加了「盛世元音」、中華公記票房，時常走票，成為專演「孫派」戲的名票。

陳剛叔的書法、繪畫功力極深，他曾與由黃賓虹、張善孖、張大千、馬駘、俞劍華、熊松泉、蔡逸民等一起，在上海組織「爛漫社」。公推黃賓虹、陳剛叔為正、副社長。出版有《爛漫社同人畫冊》。

1931 年，他應邀到杭州參加「西湖博覽會」，為開幕式演出了《逍遙津》、《七星燈》。在臺上當場濡筆揮毫，書寫了一幅「名湖增春色，揮毫落雲煙」的大字對聯，掛於臺前義賣，得金全部捐贈大會籌辦處。

陳剛叔的書法與繪畫

陳剛叔的遺留下來的畫作並不多，最近筆者發見了他的一幅寫意《松鷹圖》，雛鷹傲立松巔，俯視澗底，雙眼如炬，似有待時而飛之狀。畫左題詩：「高瞻遠矚出風塵，獨立還吾自在身，愛惜羽毛待豐滿，不因饑飽娛因人。」乃作者以畫言志之作。書法清新，獨具風骨，不落俗套。

1935 年，陳叔剛抱病參加了伯先公園舉行的賑災義演，籌資支持蘇北災區，歸後不久病逝。著有《榆園畫志》、《寶鳳閣隨筆》等書行世。

齊如山

齊如山（1877～1962），又名宗康，河北高陽人，生於 1875 年。出身書香門第，父親齊令辰做過李鴻藻大學士的西席。齊如山幼年受到良好的家庭教育，廣讀經史，對地方戲曲十分喜愛。19 歲考進北京同文館，學習德文和法文，畢業後遊學西歐，學習和考察歐洲的戲劇。辛亥革命後回國，擔任了京師大學堂和北京女子文理學院的教授。

齊如山與梅蘭芳

他在同文館讀書時，經常出入戲院，醉心京劇藝術。譚鑫培、田際雲領導的正樂育化會也常常邀請齊如山演講中西戲劇，臺下眾多的聽講者之中，就有青年梅蘭芳。

當時梅蘭芳已經嶄露頭角，漸進入齊如山的視野。1912 年，齊如山觀看梅蘭芳演出的《汾河灣》。齊如山從一個研究家的眼光來看，發現了不少瑕疵和不足，他想幫助這位年輕人，便提筆給他寫信。建議梅蘭芳飾演的柳迎春，在聽薛仁貴訴說時，要有相應的身段和表情。梅蘭芳從善如流，仔細琢磨齊如山的建議和設計，重新編排了柳迎春的身段、表情和心理活動。再次貼演《汾河灣》時，便做了新的更動。齊如山看後認定，這樣的青年將來必成大器。

由此二人成為莫逆之交，梅蘭芳始終把齊如山尊為師長。齊如山為梅蘭芳編寫了《牢獄鴛鴦》、《嫦娥奔月》、《黛玉葬花》、《晴雯撕扇》、《天女散花》、《洛神》、《廉錦楓》、《俊襲人》、《一縷麻》、《太真外傳》、《霸王別姬》、《宇宙鋒》、《一縷麻》等一大批劇本，成為梅蘭芳的主要編劇和文學顧問，也是梅蘭芳創造梅派藝術的主要參與者。

羅癭公有一首《俳歌調齊如山》稱讚他：「梅郎妙舞人爭羨，苦心指授無人見」。是他在梅宅親眼見到齊如山正在教梅蘭芳身段。故而詩後有按語：「梅蘭芳之名，無人不知，而使梅之借獲享盛名，實為高陽齊如山先生，則世能知之者鮮矣。」

齊如山由一名京劇愛好者、一名「票友」，而成為「梅黨」的重要成員和一代京劇理論宗師，其一生的事業也與梅蘭芳和京劇無法分離。齊如山是一個在品格上很清高、在藝術上很驕傲的人，他把西方人對藝術家的尊重帶到了中國，使中國上流社會與男旦的關係從他開始變得文明。

1949 年，齊如山去了臺灣，梅蘭芳留在祖國大陸，從此天各一方。因為政治原因，解放後，大陸對齊如山的介紹甚少，以至使人淡忘。偏偏導演陳凱歌又拍了一部《梅蘭芳》電影，對齊如山大加針貶，實在有失公允。

齊如山是一位大學者、戲劇理論大家，他曾與梅蘭芳、余叔岩等組成北平國劇學會，建立國劇傳習所，從事戲曲教育，並編輯出版了《戲劇叢刊》、《國劇畫報》，搜集了許多珍貴戲曲史料。他提出的「無聲不歌，無動不舞」論點，是對中國傳統戲劇最精練、最準確的概括。

齊如山一生著述甚豐，有《說戲》、《京劇之變遷》、《國劇身段譜》、《國劇簡要圖案》、《梅蘭芳遊美記》、《國劇藝術匯考》等戲劇研究著作，還有《北平三百六十行》、《故都瑣述》、《北平零食》、《北京土話》、《齊如山隨筆》、《華北的農村》等社會史和民俗學著作，文字平實，學識豐富，為今人留下了寶貴的文化史料。

管海峰

管海峰（188？～不詳），世家子弟。早年愛好京劇，曾創辦上海最著名的京劇票房「盛世元音」和「鳴和社」。票友亦多是世家子弟、文人雅士、富賈儒商，或公司高級職員，這些人不但劇學淵博，且皆為當時知名人士。

管海峰小照

票社每年總要彩排幾次，地點輒在康腦脫路徐園，或靜安寺路張園。這兩處都有現成的戲臺，以供笙簫。票社除彩排外，也外串堂會，歲末年終還要為戲園案目唱幾次搭桌戲。因為白唱，還要自己貼錢，所以稱之為「清客串」，管海峰就是這些「清客串」的頭目。管海峰自己經常登臺演出，但常演什麼戲，擅長何種角色，還有待細考。

1916年，管海峰把票戲的熱情轉入新興的電影業。他與張石川一起創辦了幻仙影片公司，拍攝影片《黑籍冤魂》，自任編劇兼製片。在上海三洋涇橋歌舞團舊址的民鳴劇社首映，觀眾反映十分強烈。1928年創辦海峰影片公司，導演了由傳統京劇改編的《昭君出塞》、《雨過天晴》等影片。將傳統京劇題材導入電影，在《中國電影史》上留下厚重的筆墨。

吳我尊

吳我尊（1881～1942），名楠，字伯喬，筆名天向閣、鳳樓閣、杏庵等。祖籍常州，係我國早期的戲劇活動家、教育家和評論家。

他自幼嗜好京劇，工青衣，能戲有《彩樓配》、《桑園會》等。早在張之洞創辦的武漢自強學堂學習時，即與管亦仲、程詩南、程君謀、翟世英等人組織京劇票房，時常演出。在盛宣懷創辦上海南洋公學時，吳我尊即參與組織了滬學會演劇部，除了演出傳統舊京劇外，還演出了學生自編的新劇《文野婚姻》。在這裡他與歐陽予倩相識，並且成了好朋友。

光緒三十二年，吳我尊取得了公費留學的名額，赴日本留學，和曾孝谷、李叔同、唐肯、陸鏡若、謝祖元等人出於同好，在上野美術專科學校成立了「春柳社」，演出了《黑奴籲天錄》、《鳴不平》等新劇。同時，又在「春柳社」內特設戲劇專部，研究新舊戲曲。他和謝祖元、歐陽予倩還一起演過京劇《桑園會》、《十八扯》等。

宣統二年（1910）吳我尊回國，與陸鏡若等一起組織了「文藝新劇場」，演出了《猛回頭》、《愛海波》等新劇，使人耳目一新，在社會上造成很大的影響。民國成立之際，他又組織「新劇同志會」和「春柳劇場」，演出了《家庭恩怨記》、《社會鐘》，歡慶革命勝利。他們的劇社成了當時「新劇運動」的活動中心。

《彩樓記》吳我尊飾王寶釧

吳我尊長期從事戲劇教育與評論活動，他主張新劇和舊劇並存。曾應張謇之邀，去南通創辦伶工學社，同時擔任更俗劇場之刊物——《公園日報》編輯部主任。他曾率領學員和演員去京、皖、滬、蘇、浙等地巡迴演出，宣傳「新劇運動」。

1935 年以後，他在上海和張古愚、鄭過宜一起主編《戲劇旬刊》，並撰寫了大量的戲劇評論文章。著有《鳳棲閣雜俎四種》、《杏庵詩文抄》100 卷行世。

包丹庭

包丹庭（1881～1954），名桂馥，字丹庭。祖籍浙江紹興。咸豐年間，曾祖父衡甫公來京赴試中第，官拜工部員外次郎，因洪楊之亂，祖居難歸，始定居北京南城大安瀾營。

他的父親包榮星夙喜戲曲，與名伶多有交往。因為丹庭自幼體弱，家人慮及他的健康，鍛鍊體魄，經名伶何桂山、張紫仙介紹，拜了文武老生王福壽為師。每日清晨即起，由人安瀾營走到王宅練功。日日如此，歷十數寒暑，京戲武生的基本功、刀槍把子均練得十分嫻熟，而且學會了十四、五齣京、崑戲劇，如《探莊》、《雅觀樓》、《別母亂箭》、《對刀步戰》、《戰潼臺》、《鎮潭州》等，齣齣實授。

1903年，包丹庭考入琉璃廠五城官學堂。民國初年供職於陸軍部，曾任禁煙局專員。公餘，加入樊棣生創辦的春陽友會票房，經常登臺彩唱。曾與袁寒雲合作崑曲《慘睹》，飾程濟。與紅豆館主合演《水門·斷橋》，他則飾演青蛇。足證其戲路之寬。他主演的《雅觀樓》、《別母亂箭》等戲，得到內外行的一致認可，是以真材實學，身列名票之列。

包丹庭小照

張伯駒說：「論戲有外行中之內行、內行中之外行。外行中之內行實勝於內行中之外行也。包丹庭能文武小生，如《探莊》、《奇雙會》皆其擅長之戲，並能靠背老生、《天雷報》之老旦。余演《別母亂箭》，彼飾周母，諄諄訓子，能表現出節烈之氣，此所謂外行勝內行者，因其內心有戲也。」為之記詩云：「的是外行勝內行，小生文武各擅長。同臺曾更飾周母，訓子諄諄氣激昂。」

民國二十二年（1933）包丹庭解職居家。時焦菊隱開辦中華戲曲專科學校，禮聘包丹庭執教。他授課的最大特點是一人能說通場，如《金山寺》、《斷橋》，兼教白蛇、青蛇、許仙、法海各角色，還包括文武場面，觀者莫不贊服。梅蘭芳、尚小雲、雪豔琴、趙嘯瀾、葉盛蘭等名伶，皆與之交往，彼此亦師亦友，互相切磋指教。

抗戰時期北平淪陷，丹庭拒絕日偽政權的仕途之邀，不問政治，僅出任一個不吃俸祿的北京國劇學會崑曲研究會顧問。且應尚小雲之請，為榮春社義務教授戲劇。此間，收小生江世玉為入室弟子，精心培養，使之成為一代著名小生。

戲曲界師事丹庭者甚眾，名票楊慕蘭（近雲館主）、顧森柏、祝寬等人，也都受過他的指導。1954年逝於北京，享年71歲。

林季鴻

林季鴻（188？～不詳），有關他的文獻記載不多，據曹惆生《中國音樂舞蹈戲典人名詞典》所載：「林季鴻（清）行四，人稱林四爺，福建閩縣（福州）人，善唱京劇青衫，能創新聲。」

林季鴻祖籍福建，祖上為官，生於北京，家中聘有西席，自幼飽讀詩書，滿腹經綸，生就不戀功名、輕於利祿，大隱於市。唯獨好京劇，尤好旦行。他雖不在戲界，也不是位愛登臺串戲的票友，但他卻是個戲迷。平時除聽戲之外，最愛揣摩青衣腔調，更熱衷於研究旦角的新腔。當時，與他有交往的伶、票兩界的朋友很多，對他在這方面的研究也都十分敬重，視為新腔大師。

他每有所得，都願意通過演員來推廣。例如傳統戲《玉堂春》，自同光演出以來，雖是一齣旦角的精典，但腔調平平，板式亦少變化。對人物感情跌宕起不到烘托作用。林季鴻便對其大加改動，凡琢磨出的新腔，首先教給他的朋友楊韻芳。梅雨田從楊韻芳那裡聽到後，覺得林季鴻編的婉轉好聽，但仍不失王瑤卿的唱腔風格，很是不錯。回到家後立即就將新腔《玉堂春》教給了梅蘭芳。

林季鴻小照

林季鴻編的新腔並不突兀出奇，梅蘭芳在《舞臺生活四十年》中寫道：「說是新腔，其實並無質的變動，但與老腔老調相比，它還是有所不同的，耳尖的戲迷自然一下子就聽出了差異，於是立即就有兩種截然相反的意見出現：保守的人認為這是標新立異，離傳統過遠，而思想比較進步的人士則認為新腔無論如何比老腔好聽，應該不斷對老腔進行揚棄。」這幾十年來，青衣一行是沒有不會唱《玉堂春》的。

陳彥衡說：「腔無所謂新舊，悅耳為上。無論是林季鴻，還是王瑤卿，經他們手改編成的新腔無一不是以悅耳動聽取勝。《玉堂春》可以說是其中的代表之作，成為京劇青衣演員必唱曲目。」

林季鴻之弟林紹琴也是一位票友，其成就不在乃兄之下。他說：「林季鴻經常與名票孫春山一起編新腔，如《祭江》、《武昭關》、《審頭刺湯》、《金水橋》等，也是他們所編。」

歐陽予倩從日本留學回國後，1912 年間來到上海，加入「春雪社」票房，和江夢花、林老拙、吳我尊、王頌臣、羅亮生、朱鼎根等人一起研究京劇。他的戲得到過林季鴻的指點，所以唱腔也很新穎。

羅亮生

羅亮生（188？～196？），上海人，劇評家，譚派名票，有錄音《連營寨》存世。

解放後，擔任上海市文史研究館館員。一生撰寫劇評無數，常給《戲劇旬刊》、《十日戲劇》、《半月戲劇》等雜誌撰寫文章、評論人物、針貶舞臺，文筆犀利，而言之有物。猶以《談孫菊仙》、《論譚鑫培》等文章極有見地。他還著有《戲曲唱片史話》一書，為中國唱片史留下了不少寶貴史料。

羅亮生小照

馮叔鸞

馮叔鸞小照

馮叔鸞（1883～不詳），名遠翔，字叔鸞，別署「馬二先生」，書室名為嘯虹軒。原藉一稱江蘇揚州人，還有文獻稱其為河北涿州人。他是劇評家馮小隱的弟弟。

幼年間，他在北京每日都隨哥哥遊走於各大戲園看戲，又有長兄的薰炙，久而久之，便成了京劇知音。自己也能唱上幾齣，成了一位票友。

他在青年時期曾離京南下謀職，在海州中學、蘇州農業學校任教。1912 年來到上海，開始在各大、小報上撰寫劇評文章。因為文筆絕佳，又有票友的底子，評論氍毹，品評菊圃、言必有據，頭頭是道，開始在劇界、報界有名。他以撰寫《觀梅蘭芳者心理上之研究》（見自《申報》1914 年 12 月 11 日第 13 版），文章分析了觀眾觀看梅蘭芳的二十八種心理，生動描繪了當時梅蘭芳在上海的受歡迎程度。後來，他為《中華新報》、《大公報》聘為文娛部記者，主編副刊「小公園」。次年應聘任《大共和日報》主筆，執筆談劇更為殷勤，並開始使用「馬二先生」筆名、評點劇壇。同時，他還在《神州日報》、北京《亞細亞報》、《時事新報》、《中華新報》、天津《華北新聞》、《大公報》等發表劇評文章。對京劇的改良和發展起到推波助濤的作用。

民國二十五年《大公報》上海版創刊，他擔任副刊「大眾俱樂部」主編，曾與阿英就評劇藝人白玉霜在上海演出《馬寡婦開店》、《杜十娘》、《王少安趕船》等劇，掀起了一場規模浩大的論戰。

他一生除撰寫劇評外，主要作品有《叔鸞小說集》、《嘯虹軒劇談》。還編寫了紅樓戲《夏金桂自焚記》以及舊派言情小說多種。近代文學史將之劃為鴛鴦蝴蝶派作家之一。作為票友，他經常出入上海各大票房，興致來時也唱上一齣，能戲有《大登殿》、《梅龍鎮》等，但彩唱不多。用他自己的話說；「我評人行，可不能叫人評我。」「八一三」事變之後，馮叔鸞不知去向，署名馬二先生的劇評也就此消聲匿跡了。

陳墨香

陳墨香（1884～1942），字敬余，湖北安陸人。出身於書香門第。幼讀詩書，家學淵源。他一生不求功名，甘心淡泊。最愛看戲，寫劇本，一生與戲曲有著不解之緣。

陳墨香也是位名票，自幼受其父影響，熟諳京劇，兼通崑曲和梆子。他曾受名師指點，能演青衣、花旦、刀馬旦。多次以票友的身份與名伶余玉琴、劉春喜等人合作演出。

陳墨香的劇裝照

陳墨香與荀慧生相交甚篤，二人長期合作，為荀氏編寫過 50 餘個劇本，也為程硯秋、王玉蓉編寫過戲。一生總計改編、創作了一百多齣京劇。題材十分豐富，主要源於古典戲曲和小說。

他寫的戲主要人物以婦女為主。唱詞特點不因襲舊套，不堆砌詞藻，形成了個人的獨特風格。作品有《紅樓二尤》、《霍小玉》、《魚藻宮》、《棒打薄情郎》、《杜十娘》、《釵頭鳳》、《丹青引》、《埋香幻》、《柳如是》、《繡襦記》、《香羅帶》等，後來，這些戲都成了荀派的代表劇目。

荀慧生的表演熔青衣、花旦、閨門旦、刀馬旦於一爐，根據劇情發展和人物性格需要，吸收小生、武小生及其他行當的演技，甚至將外國舞蹈步法融於其中。又根據自己的天賦，在唱腔、身段、服裝、化妝等方面進行了改良。這些特點的形成，也他與陳墨香的建議分不開的。

荀慧生對陳墨香很尊重，平日他稱呼陳墨香為「敬余兄」，在生活上亦過從甚密。二人經常住在一處，說戲、編戲、排戲，情同手足。在陳墨香的督促下，荀慧生曾下死工夫補習文化。為了鍊字，他從頭到尾抄寫了三遍《紅樓夢》。同時，經陳墨香的介紹拜師吳昌碩門下，刻苦練畫。每演《丹青引》，必然當場作畫，在四句〔慢板〕唱完之後，畫必繪完，時人歎為絕藝。

陳墨香終日筆耕不綴，著有《梨園外史》、《墨香劇話》、《活人大戲》、《梨園歲時記》等書傳世。

歐陽予倩

歐陽予倩（1889～1962），原名歐陽立袁，號南傑，藝名蓮笙、蘭客，筆名春柳、桃花不疑庵主。係湖南瀏陽人。祖父歐陽中鵠是同治年間的舉人，任內閣中書，調任桂林知府，補授廣西提法使。是一位清末大儒，當過譚嗣同的老師。歐陽予倩從小隨祖父飽讀詩書。祖父調職廣西時，他便回湖南讀經正中學，15 歲到日本留學，先後入明治大學商科，早稻田大學文科。深受西學和民主愛國思想的影響。

因嗜好戲劇，加入了中國留學生組織的話劇團體「春柳社」，並參加了《湯姆叔叔的小屋》、《黑奴籲天錄》和《熱血》等劇的演出。從此與戲劇結下了不解之緣。

1910 年回國後，他先後參加新劇同志會、社會教育團、文社、春柳劇場、民鳴社等新劇團體，編演了《運動力》等一批新劇，在上海和江、浙一帶演出，為中國早期話劇的興起作出了重要貢獻。

《貴妃醉酒》歐陽予倩飾楊玉環

同時，歐陽予倩也喜歡京劇，他從師名票江夢花、林紹琴學習旦角的演唱。他還向名伶陳祥雲、克秀山、李紫仙、周福喜等人學習青衣、花旦、刀馬旦，向薛瑤卿學習崑曲。並參加了「新舞臺」，與夏月恒、夏月珊、夏月潤、潘月樵、馮子和、毛韻珂等人合作演出。他自編自演了京劇《寶蟾送酒》、《饅頭庵》、《黛玉葬花》、《晴雯補裘》、《潘金蓮》等新戲，對傳統戲的改革進行了大膽的嘗試。

抗日戰爭時期，他編導了《梁紅玉》、《桃花扇》、《木蘭從軍》，激勵人民群眾抗日救亡的熱情。當時，與田漢成為戲曲改革的倡導者，受到社會各界的尊重。

他的表演在繼承京劇傳統的基礎上，兼收南北各派之長，獨成一派，曾與梅蘭芳齊名，享有「南歐北梅」之譽。

1919 年，他創辦南通伶工學社，自任社長，用新的方法培養戲曲人才。其後，在上海加入南國社，並且從事電影工作，編寫過一些電影劇本，還寫有《屏風後》、《車夫之家》、《小英姑娘》、《買賣》等劇作。「九・一八」事變以後，他加入中國左翼戲劇家聯盟，參加反蔣抗日的政治運動，先後寫了話劇《李團長之死》、《同住的三家人》、《不要忘了》及京劇《漁夫恨》等。這些劇本大多反映下層人民的苦難生活，暴露反動統治的黑暗。

抗日戰爭爆發後，歐陽予倩出任廣西藝術館館長兼桂林劇團團長。從事抗日宣傳，寫了歌頌愛國英雄、痛斥漢奸賣國賊的桂劇《木蘭從軍》、《梁紅玉》，京劇《桃花扇》、《孔雀東南飛》和話劇《青紗帳裏》、《忠王李秀成》等。

歐陽予倩雖然是票友出身，但勤奮好學，對藝術精益求精，一生創作話劇 21 部，戲曲 27 部，齣齣具有故事性強、語言講究節奏、民族特色鮮明和適宜於舞臺演出的特點。

建國後，歐陽予倩歷任中央戲劇學院院長，中國文聯副主席，中國劇協副主席，中國舞協主席等。著作等身，除《歐陽予倩選集》外，還有回憶錄《自我演戲以來》、評論集《一得餘抄》、《話劇、新歌劇與中國戲劇藝術傳統》等。

鄭正秋

鄭正秋（1889～1935），原名鄭芳澤，號伯常，廣東潮州人，生於上海。中國電影事業的開拓者，我國最早的電影編劇和導演之一。

鄭正秋從小出生於一個經濟富裕商賈家庭。14 歲肄業於上海育才公學。他在讀書之餘迷上了京劇，以至哪天沒去茶園看戲，就吃不下飯去。他偏愛毛韻珂、潘月樵和梨園世家夏月珊、夏月潤兄弟的戲，一來二去，就和他們交上了朋友，自己也票起戲來。這一舉動惹惱了他的父親鄭讓卿。為使鄭正秋遠離「戲子」，早早地給鄭正秋娶了妻子。可惜，兒媳俞麗君不但沒「拴」住鄭正秋，反倒也愛上了京戲。鄭讓卿讓正秋接替自己經營的生意。但不及兩載，血本無歸。反而又鑽進了戲曲中去。

鄭正秋沉醉在戲劇世界裏，發揮自己善於模仿的長處，學習孫菊仙、汪笑儂、譚鑫培等名伶的唱腔，最終達到聲、神俱備，惟妙惟肖的程度。戲看得多了，對劇目、對演員的表演也有了想說的話。在友人夏月珊的啟發下，鄭正秋開始以《麗麗所戲言》、《麗麗所伶評》為題寫下自己的所思所感。文章開宗明義地指出，戲劇的教育功能「能移人性情，有俾風化」，指出演員的文化素養、思想品德直接關係到表演的水平。提出藝品繫於人品的主張。《戲言》於剖析、闡述戲曲表演的基本要素——聲調、唱工、說白、做工的同時，對當時主要的戲曲演員也一一分析評論，指出各人的表演特色及所長所短。這些文字在戲曲界引起極大反響，譽滿眾口，傳誦四座，不少藝人從中深得啟發。由此，于右任邀請鄭正秋擔任《戲劇副刊》的主編。此外，鄭正秋還自辦了《圖書劇報》、《民權畫報》等進步的藝術刊物。

鄭正秋

1913 年，張石川與美商合辦的亞細亞影戲公司，聘請鄭正秋編寫了《難夫難妻》電影劇本。放映後，深受觀眾歡迎。此後，中國第一部長故事片《黑籍冤魂》、第一部有聲故事片《歌女紅牡丹》都出自鄭正秋之手。他還自組了新民、鳴民、大中華等劇社，在上海、武漢等地從事新劇活動。他一生共編、導、演了五十三部影片。

特別是他導演的《姐妹花》，反映了階級對立、貧富懸殊，軍閥混戰、農村破產的生活現實，故事雅俗共賞，導演手法的自然流暢，使得該片在上海上映後，創造了當時中國票房的最高記錄。1935 年該片參加了莫斯科國際電影展覽會，也受到熱烈歡迎。鄭正秋為中國電影從無聲到有聲片花費了大量心血，為中國電影的啟蒙和發展打下了基石，成為我國電影史上偉大的一頁。

蘇少卿

蘇少卿（1890～1971），字相辰，藝名寄生。徐州市人氏。戲劇評論家，上海名票。

蘇少卿生在一個傳統的老式家庭。光緒二十四年（1908）由徐州師範學校畢業後，被聘為徐州第一小學教師。可是他嗜好戲劇，不久便辭去了教職，單身一人赴北京學唱京劇去了。父母聞之大怒，先是寫信勸返，不聽，便中斷了他的經濟來源。幸好得到教師王玉芳和書法家張伯英的資助，學戲三年，結業成績絕佳。但是，因為他的身材高大，諸社行頭皆不合身，所以，一直未能登臺演唱。

蘇少卿（右）與楊小樓（左）的合影

歸家後，他向父母認了錯，也得到了家人的原諒。1913 年，父母出資送他東渡日本留學。旅日期間，他潛心日本戲劇考察。數年後回國，在天津定居，就職於《天津時報》社，關注文藝動態，負責戲劇評論。在北平、天津各報刊，經常發表劇評文章。在此期間，他如願以償地拜陳彥衡為師，專攻譚派鬚生，並且鑽研音韻學。

1926 年，應徐州市政府之邀返回徐州主持徐州民眾教育館事宜，同時教授京劇和京胡，學員有劉仲秋、徐筱汀等人。後來，應高亭唱片公司之聘，來往於上海、北平、天津之間，為公司錄製名伶唱片。在這一階段，他終日周旋於京劇名伶中間，在藝術造詣上也有了長足的進步。經常在各大票房演唱，被譽為譚派名票。數十年間，他為《申報》、《文匯報》、《戲劇月刊》等報刊撰寫了無數戲劇評論、考證、梨園掌故等方面文章。

1932 年，一個偶然的機會，得到了家庭工業社的資助，在上海創辦了一間「無敵播室」，每晚在電臺播音三小時。他自己在電臺教老生戲，兼播講劇壇評論、梨園掌故，每週末還邀請名伶、名票到電臺清唱。這項工作一直進行了二十餘年，凝聚了成千上萬的聽眾。其間還出版了《戲劇月刊》。自己還辦了兩間票房，一為「國劇研究會」、一為「蘇聲社」。每日都有活動，絲竹不歇，許多名家亦經常親臨登場。此舉一直延續至 1965 年，他退休離滬為止。

蘇少卿秉性坦蕩，淡泊名利，一生不事置業，酷愛古玩書籍，夜讀不倦。曾編著《大戲考》、《袖珍戲考》、《戲劇月刊》等書刊。傾畢生之力傳播普及京劇藝術。

鄭子褒

鄭子褒（1890～不詳），浙江餘姚人，號梅花館主，上海著名票友和戲曲劇評家。他出身於封建老式家庭，清末民初縣立高等小學畢業。後隨父遷居上海。他父親喜歡看戲，他則伴隨往還。長期的耳濡目染，自己也唱了起來，且私淑「梅派」。長大之後，成為滬上的一位名票。

鄭子褒文筆矯健，在戲劇圈內見多識廣，專寫劇評，曾任《半月戲劇》、《十日談》、《金剛畫報》、《戲劇畫報》等多種戲劇刊物的主筆。三十年代末，應長城唱片公司之聘出任經理，主抓業務。曾主持灌製過梅蘭芳、楊小樓合作的《霸王別姬》，楊小樓、郝壽臣合作的《連環套》等唱片，傳播極廣，業績頗佳。

1931 年 6 月，杜月笙家的祠堂落成，全國京劇名伶雲集上海祝賀，其中，「四大名旦」、雪豔琴、高慶奎、金少山合演的《五花洞》是杜祠堂會最精彩的節目之一。堂會結束後，長城唱片公司靈機一動，打算請「四大名旦」共灌《五花洞》唱片一張，但要辦成這樁事談何容易。與眾多名伶有深交的鄭子褒就成了關鍵人物。

第一難是詞腔的處理。該唱片每面僅能錄 3 分 15 秒，〔西皮慢板〕也只能容兩句。經斟酌，定為每人獨唱一句，唱詞各異，唱腔自譜。其次是名字排列。梅蘭芳眾望所歸，居首無疑；程硯秋當紅極一時，可列第二；荀慧生聲譽日增，可為第三；但尚小雲資格老難排最後。很難處理。結果還是鄭子褒匠心獨運，把四人的名字依唱片中心排成一圈兒，不分前後，這樣就把這件難事輕而易舉地解決了。

再說就是演唱的先後順序。梅蘭芳首先聲明唱第一句；程硯秋自謂唱第二句；尚小雲對梅唱第一句不予計較，但提出他要唱第二句。荀慧生則提出要是讓他唱第三、四句，他寧可不幹。眼看好事難成，鄭子褒就多次從中斡旋。先對程硯秋說：您是飽學之士，若和梅蘭芳作神龍首尾相應，一定受人嘉許；轉回身，又對荀慧生說，您的嗓音低柔，第二句必須翻高，如有遜色，反為不美，而第三句婉轉低徊更能顯出荀腔的特色。程、荀二人聞之有理，當即應允下來。這樣，也使尚小雲如願以償了。經過如此周折，最終圓滿解決，《四五花洞》錄製成功。為世人留下了一曲千古絕唱。鄭子褒說項之功功不可沒。

《四五花洞》錄完後與德國錄音師合影，左邊第一人為鄭子褒

張肖傖

張肖傖小照

張肖傖（1891～1978），字蘂生，後改蘂青。江蘇常州人。名票兼戲劇評論家。在民國時期，是南方戲劇評論群體的領軍人物。

張肖傖自小受祖父影響，對京劇有著濃厚的興趣，常到票房唱戲。1913 年畢業於浙江四明會計專科學校，後來考入北京中國銀行，在總行計核局任職。遂遷居北京，得以與京劇名伶有更多的接觸。

張肖傖公餘潛心「余派」研究，從師陳秀華學鬚生戲，廣交伶票兩界朋友，他與溥侗、朱素雲、孫菊仙、趙子敬等人均為莫逆之交。因為遍聽京華名角，見多識廣，且又好文墨，常寫劇評、劇訊給各報刊投稿。民國四年（1915）撰寫了《燕塵菊影錄》，記述了不少伶人小傳。

民國十五年（1926），他編著《菊部叢談》由大東書店出版，論述遜清一代「歌劇之趨勢，伶工之派別、藝術之源流」，內容頗為翔實，為我國的戲曲保存了大量珍貴的資料。1935 年，主筆《武進商報》「戲劇特刊」。

張肖傖在上海交通銀行任職期間，與張古愚等合編《戲劇旬刊》、《十日戲劇》等期刊，後又任上海《半月戲劇》、《戲劇旬刊》編輯。以肖傖、倩倩室主、玉泓、霜紅、天隱廬主人等筆名，為報刊撰寫劇評一千餘篇。與馮小隱、馮叔鸞、鄭過宜齊名，時稱「四大評劇家」，又稱「四大金剛」。

抗戰勝利後，他發表了《告伶界及梨園界》一文，對堅持民族氣節，堅持不演壞戲的程硯秋、梅蘭芳等極力崇揚，對戲劇界震動頗大。其中主要著作有《譚劇精微》、《歌壇絕響錄》、《論韓世昌》、《評楊寶森》、《告伶界及梨園界》等。

張彭春

張彭春（1892～1957），字仲述，天津人，祖上以經商為生，其父張久庵擅長騎射，癡迷音樂，無意功名。以設帳授徒為生，人稱「琵琶張」。張久庵 59 歲得子張彭春，起乳名五九，張彭春的學生都尊稱他為「九先生」。

1904 年，他進入了大哥張伯苓與嚴範孫共同創建的私立中學堂，成為第一屆學生。1910 年留學美國，同行者有胡適、竺可楨、趙元任等七十人。回國後在南開任教，並建立劇團，提倡話劇，是話劇在北方的奠基人，也是一位著名的京劇票友。

張彭春與齊如山、黃子美、梅蘭芳在美國

張彭春主持南開新劇團時，引入歐美話劇的演出體制，建立正規編導制度，一方面繼續上演中國劇目。如 1918 年由他編導的《新村正》；另一方面陸續改編演出多種世界名劇，如《巡按》、《娜拉》、《國民公敵》、《爭強》、《財狂》等。這些劇目的演出以及排練方法，對中國話劇發展起了十分重要的作用。

張彭春熟諳京劇，本人能弦能歌。在其所主持的新劇團中，也時常演出京劇。張彭春與梅蘭芳相交甚篤，曾多次帶領學生赴京，與梅蘭芳共同探討傳統京劇的改革問題。

1930 年和 1935 年，梅蘭芳赴美演出和訪蘇演出期間，都請張彭春擔任藝術總指導和顧問。請他向外國觀眾進行講解京劇。張彭春考慮到國外觀眾的需要，最早提出並為梅蘭芳首先採納的意見是：戲曲劇本應力求精練集中，減少交待性場次，廢除檢場，淨化舞臺，不能為開打而開打等。梅蘭芳在美國演出期間的一切對外宣傳和翻譯工作，多由張彭春負責，為了使外國人瞭解京劇故事內容，他將《汾河灣》改為《鞋的問題》，就是一段佳話。這些改革措施幫助梅蘭芳在國外演出大獲成功。梅蘭芳這樣評價張彭春：「幹話劇的朋友真正懂京戲的不多，可是張先生卻是京戲的大行家。」

抗戰期間，張彭春從事外交工作，先後任中國駐土耳其公使、駐智利大使。1946 年赴倫敦，任聯合國創辦會議中國代表，會後參與起草聯合國《人權宣言》。1957 年病逝。

周明泰

周明泰（1896～1994），字志輔，別號幾禮居主人，祖籍安徽建德縣人。係晚清兩廣總督馥嫡孫、著名實業家周學熙的長子。幼年讀私塾，擅長德語、英語。民國七年（1918）任總統府秘書、內務部參事。二三十年代，投身實業。先後任青島華新紗廠董事、天津元安銀行董事長、青島華新紗廠董事長、上海信和紗廠董事長、上海茂華商業銀行常務董事等職多年。

周明泰小照

周明泰酷愛戲曲，閑暇時除聽戲、談戲，評戲之外，常於楊小樓、梅蘭芳、余叔岩、尚小雲、鼓書大王劉寶全等人往來，十分熟悉梨園掌故和舞臺的變遷。情趣所好，使他專注戲曲的深入研究，加之資金雄厚，蒐集了無數寶貴的戲劇史料。如乾隆年抄本《幽閨記》、《連環計》、《琵琶記》、《牡丹亭》、《南西廂記》：明代善本《西廂記》、《僧尼共犯》等無計其數。他收藏崑曲身段譜，更是孤本奇珍。他為楊小樓演出的《寧武關》拍攝舞臺電影，為劉寶全的京韻大鼓錄製多張唱片。在戲曲研究方面造詣博精，著述等身，其中，《元明樂府套數舉略》、《續劇說》、《續曲類稿》、《幾禮居隨筆》、《明本傳奇雜錄》、《都門紀略中之戲曲史料》、《道咸以來梨園繫年小錄》極受學者重視。

1949 年避走去香港之前，他把這批珍藏多年的戲曲圖籍及其文獻資料、名伶書畫等物均寄存於上海的合眾圖書館。新中國成立後，他來信把這批珍貴史料全部捐獻給上海市人民政府，由上海市圖書館收藏。1957 年，他又把原存天津的收集近 30 年代的百代、勝利、高亭等公司所製的京劇唱片全部捐獻給國家，由中國京劇院收藏。1994 年，周明泰在美國逝世。

朱石麟

朱石麟（1899～1967），原籍江蘇太倉，1899 年出生於廣東，後隨父移居上海。幼年，雙親病故，及長肄業於南洋，1919 年，先後應聘在漢口中國銀行供職。他的業餘時間全部花費在看電影、看京劇和京劇票房之中。天長日久，執著癡迷，無師自通地學會了很多戲，同時對電影技法亦有所得。翌年，他毅然辭職，專心研究戲劇和電影，為《真光影報》撰寫電影本事和評介文章。1923 年，進入華北電影公司任編譯部主任。1930 年，他為阮玲玉撰寫了《自殺合同》，又與友人羅明祐合寫了電影《故都春夢》。此片由孫瑜導演，主演阮玲玉、林楚楚。上映之後，頗受好評。從此，朱石麟的名字叩開了中國電影界的大門。

朱石麟小照

「八一三」事變日本侵略軍佔領上海後，朱石麟憑藉古文底子深厚，對京劇又有所研究，在抗日救國思想的激勵下，他為「移風社」編寫了京劇《徽欽二帝》和《文素臣》，由周信芳和王熙春在卡爾登劇場演出，盛況空前。接著，他還編寫了直抒愛國情懷的京劇《文天祥》和《明末遺恨》。這幾齣大戲在中國近代戲曲史中煥發著不可磨滅的光輝。他十分歉虛地說，寫電影我還可以。寫京劇我是在實實在在的票友。

1948 年，朱石麟編寫了歷史巨片《清宮秘史》。1948 年底，在全國各地放映，引起轟動。全國各大劇種都爭演此劇。1951 年，此劇在中南海放映時，劉少奇贊之為是「愛國主義」的好影片。而毛澤東與之相左，認為是一齣「賣國主義」的壞戲，遂被禁演。

文化大革命爆發時，1967 年元旦，北京出版的《紅旗》雜誌發表了姚文元寫的《評反革命兩面派周揚》一文，點名批判了十八年前曾經引起轟動的電影《清宮秘史》。1 月 5 日，香港《文匯報》全文轉載。朱石麟哆嗦著讀完姚文元這篇文章，神思恍惚，難以自持。據他的女兒回憶說：「他看完報之後，想從帆布椅上站起來，站了幾次沒有成功，媽媽想去扶他起來，可是他固執地不要，他停了一下再使勁拉著椅柄站起來，成功了，可是他沒走幾步就倒地了。」朱石麟當即被送當地法國醫院搶救，終因腦溢血於當晚告別塵世，終年 68 歲。

張大千

張大千（1899～1983），原名正權，後改名爰，字季爰，號大千，別號大千居士、下里巴人，齋名大風堂。四川內江人，祖籍廣東省番禺，1899 年，出生於四川內江安良里象鼻嘴堰塘灣的一個書香門第。

張大千是中國畫壇最具傳奇色彩的國畫大師，無論是繪畫、書法、篆刻、詩詞都無所不通。早期專心研習古人書畫，特別在山水畫方面卓有成就。後旅居海外，畫風工寫結合，重彩、水墨融為一體，尤其是潑彩技法，開創了新的藝術風格。

張大千生平對中國傳統戲曲藝術，尤其是京劇十分酷愛。他不僅愛欣賞京劇，且與許多著名的京劇表演藝術家交上朋友。如梅蘭芳、程硯秋、俞振飛、馬連良、金少山、郝壽臣等人都是他的至交好友，李萬春先生還曾拜大千先生為師。張大千本人也愛唱戲，工老生，學孫菊仙，雖不甚精，但唱來也韻味十足，舉手投足亦見功力。

大千平素不吸煙，不飲酒，更討厭玩麻將。每當他作畫感到勞累時，便打開留聲機聽幾段京劇，或自己唱上一段《三娘教子》，或《桑園會》，便又振作精神繼續作畫。

《春香鬧學》張大千飾塾師

1941 年，張大千攜兒子、學生遠行到敦煌莫高窟臨畫。考慮到那個地方荒涼、偏僻，臨行時，他特意帶去了一部手搖唱機和幾十張京劇唱片。在敦煌的三年多時間，張大千最大的樂趣就是欣賞這些唱片。一邊聽，一邊回想起這些京劇名伶們的音容笑貌。每當聽到動情之處，他便慷慨高歌，那韻味純正，有板有眼的聲腔，還真引起周圍人的一片叫好聲。據說：他在文化界的集會上，還曾粉墨登場，演過《洪羊洞》，馬連良先生在臺下看時，還真給挑過大姆哥。

大千先生認為京劇藝術與繪畫藝術有許多相通之處，二者在表形訴狀，達意抒情，虛實多寡等方面，都有相似的地方。通過觀賞京劇表演，可以互為借鑒，從中汲取許多豐富的藝術營養。著名作家鄭逸梅先生在《我所知道的張大千》中這樣寫道：「大千在北京，每逢金少山，郝壽臣二大淨角登臺，必往觀劇。且先赴後臺，坐在少山或壽臣開臉的桌旁，細觀用筆之法。原來二大淨角，大千都很熟悉。大千對人說：『壽臣勾臉極工細，一絲不苟，似仇十洲的畫；少山恰相反，勾臉很神速，大刀闊斧，寥寥數筆，近看極粗，似八大山人的畫。但二人登場，都神采奕奕，不分上下，這對我的畫啟發極大』。」由此可見大千先生酷愛京劇藝術的緣由了。

大千先生與梅蘭芳先生交往最早，友情也最深。早在 30 年代，張大千定居北平，常到廣和劇場觀看梅先生的演出。張大千擅長丹青又愛京劇，而梅先生於演戲之外最大的興趣就是作畫。共同的藝術追求和生活情趣，把他們兩位聯結在一起。二人常常在一起談戲論畫，時有「心有靈犀一點通」的感覺。值得一提的是，張、梅二人曾合作完成過一幅《梅蘭圖》。梅先生畫了一枝高潔淡雅的臘梅花，大千先生為此之題了一首《浣溪沙》:「試粉梅梢有月知，蘭風清露灑幽姿，江南長是好春時。珍重清歌陳簇落，定場聲裏定芳菲，丹青象筆妙新詞。」

1949 年，張大千旅居海外。無時不在想念祖國，思念他在戲曲界的好友。每當留在大陸的家人，託人帶給他一些京劇唱片和錄音帶時，他總是高興地聽了一遍又一遍。有時還情不自禁地從沙發上站起來，也隨著音樂唱了起來。京劇，深深地牽動著他思念故鄉和親朋故友的不盡情絲。

李苦禪

李苦禪（1899～1983），原名李英、李英傑，號勵公，山東高唐人。自幼家貧，在民間繪畫藝人影響下開始學畫。1919 年考入北京大學「勤工儉學會」的法文專修館半工半讀。後轉入北京國立藝術專科學校西畫系學習。因為家境貧寒，為了食宿，常靠晚間拉洋車維持生活。為此，自號「苦禪」。齊白石憐其刻苦有為，收其為齊門第一名弟子，特贈手書云:「英（苦禪）也過我，英也無敵，若老死不事大名，是無鬼神矣」。

李苦禪小照

李苦禪畢業後，任杭州藝術專科學校教授。解放後，任中央美術學院國畫系教授。擅大寫意花鳥畫，筆墨厚重豪放，氣勢磅礴逼人，成為一代巨匠。

李苦禪酷愛戲劇，只要囊中稍有盈餘，便去看戲、學戲。尤其喜愛花臉戲和「尚（和玉）派」武生戲。擅演《霸王別姬》、《鐵籠山》、《牧虎關》等。

他認為京劇是一種類似國畫大「寫意」。他說：「寫意之難處在無墨處求畫，八大山人之妙絕處即在此耳。」計白為黑的表現手法，以及由淵中之魚展向象外之境，如同京劇演員持槳蕩舟，足下無舟，四際無水，只靠眼神、動勢使觀眾感到劇中人物所在的特定環境氣氛。這是虛實相生相濟的藝術手法，以及從有限舞臺聯繫大千世界的妙道。這一理論，也是李苦禪多年票友生涯悟出來的道理。

1930年，他響應蔡元培先生的號召，將京劇正式引入高等美術教育。他在杭州藝專任國畫教授期間，經常身體力行，在繪畫課上用京劇的表演程序理論來誘導學生進行繪畫創作。課餘，他組織學生去票房實踐京劇藝術，去看演出，觀摩京劇藝術的「寫意表現」。他在教學中獨樹一幟，提出「戲畫一理，皆是傳統文藝之綜合，皆寓寫意」。

李先生對京劇的癡情，繪畫界人所共知。他在六十歲左右，還參加了中央美術學院的新年聯歡會，演出《龍鳳呈祥》，他飾演的趙子龍，工架邊式，煞是英武，受到內外行一致好評。

李苦禪與京劇大家侯喜瑞先生交往甚篤，他畫了很多臉譜，都經過侯先生過目審定，原想日後出版一部《京劇臉譜》的書，但在「文革」期間全部丟失。

1966年「文革」禍始，李先生以「反動學術權威」等到罪名被批鬥、查抄、關押與強迫勞動。在中央美術學院多次受批鬥，在烈日下戴高帽罰跪，一跪就是幾小時。在學院私設的「小公堂」裏，遭學生連續毒打了十餘日，幾乎被打死。但他仍然堅貞不屈，正氣浩然。他說：「這也與京劇有關，每次被打時，我就想起了林沖、宋士傑、老程嬰。咬咬牙、挺一挺也就過來了。」

許姬傳

許姬傳（1900～1990），字聞武，號思潛，原籍浙江海寧縣長安鎮人，出生於江蘇省蘇州的一戶官宦人家，家學淵源。八歲隨外祖父徐致靖讀書，講授經史詩文以外，還教以弈棋、吹笛、崑曲等。姬傳最初唱老生，唱法宗葉懷庭一派，講求四聲和用氣，得授《彈詞》、《酒樓》、《別母亂箭》等幾十齣戲，尤以《彈詞》，頗得徐之精髓，兼擅吹曲笛。

1916 年冬，他在杭州初識梅蘭芳，觀摩崑曲《佳期拷紅》、《思凡》等十分羨慕。1920 年，赴天津任職直隸省銀行文書科，居津十年，得識陳彥衡、惲蘭蓀、程硯秋等名家，一起研究崑曲和京劇，水平進一步提高。

許姬傳小照

有一階段，他曾協助陳彥衡出版工尺譜《燕臺菊萃第一輯·四郎探母》一書。這一時期，許姬傳鍾情京劇，常到票房清唱並粉墨登場，彩串《空城計》、《捉放曹》、《探母坐宮》、《御碑亭》等，恪守老譚唱念規範，為內外行稱道。

自 1931 年，許姬傳辭去銀行工作，開始與梅蘭芳合作，擔任梅蘭芳的秘書，主要為梅蘭芳擔負文墨事宜。1950 年 9 月，開始為梅記錄整理《舞臺生活四十年》一書，對梅蘭芳的藝術生活考訂精詳，結為三集陸續出版，影響頗大。

後隨梅蘭芳一家定居北京護國寺街，以梅蘭芳秘書任職於中國戲曲研究院，又為梅記錄整理《我的電影生活》、《東遊記》、《梅蘭芳文集》等著作出版。1952 年，曾隨梅蘭芳赴維也納參加世界和平會議，歸途到莫斯科、列格勒演出，其中崑曲《思凡》一劇是由許姬傳吹笛伴奏。

文化大革命中，許姬傳一家被迫遷出梅宅，蝸居鐵獅子胡同陋室達八年之久。著有《許姬傳七十年見聞錄》，並與其弟許源來合著《憶藝術大師梅蘭芳》一書。晚年兩耳失聰，仍筆耕仍不輟。1990 年逝世，享年 91 歲，遺著《許姬傳藝壇漫錄》，由中華書局出版。

張光宇

張光宇（1900～1964），無錫北門外三里橋人。自幼酷愛美術。14 歲來到上海，拜張聿光為師，學畫舞臺布景。張聿光是「新舞臺」的美術師，他利用西洋美術的透視學，和明暗投影技術，畫出來的布景自然寫實，在舞臺燈光的照耀下，生動逼真、光彩奪目。很多劇社在排演連臺本戲時，都重金聘請他畫景。終年訂單無數，名傳遐邇。

張光宇小照

張光宇聰明好學，也練出一身本領。因為長期與戲班打交道，逢戲就看，南北名伶一個不落。久而久之，張光宇學會了很多戲。不少戲還都得到名師指教。三十年代，他參加了「榮社」，工文武小生，演技嫻熟，很有名氣。能劇有《春秋配》、《白門樓》、《四郎探母》等。他與筱派名票戎伯銘合作的《虹霓關》、和呂寶棻合演的《寫狀》，內外行均給予了很高的評價。

京劇藝術集中了中國韻文、舞蹈、裝飾美術於一體，票友生涯，對他在繪畫上的裝飾風格發展方面給予了深刻影響。1921 年，張光宇進入英美煙草公司廣告部工作，繪製廣告、香煙畫片和「月份牌」，達七年之久。同時，他也開始從事漫畫創作。在《上海漫畫》、《時代漫畫》上發表了許多優秀作品。同時，他的京劇愛好也從未中綴，依然活躍在上海的票界之中。

1938 年，他在武漢參加抗日宣傳活動期間，還參加了京劇《岳飛》的演出。四十年代，應邀投身電影美術工作，為梅蘭芳的新劇、中國第一部彩色電影《生死恨》設計了舞臺布景。

解放後，張光宇任中央美術學院、中央工藝美術學院教授，曾當選為中國美術家協會理事。作品有《張光宇黑白插圖集》，尤其晚年創作設計的動畫影片《大鬧天宮》，贏得了世界聲譽。五十年代，參與了程硯秋主演的電影戲劇片《荒山淚》的拍攝工作，編導吳祖光，美術顧問則是張光宇、張正宇和丁聰。

俞平伯

俞平伯（1900～1990），原名俞銘衡，字平伯。現代詩人、作家、紅學家，還是一位京劇名票。他出生於湖州德清東郊南埭村，係清代大儒俞樾的曾孫。早年參加「五四」新文化運動，為新潮社、文學研究會、語絲社成員。

俞平伯小照

1919 年畢業於北京大學。在校期間，傾心京劇，工青衣，私淑「梅派」。曾加入「紅豆館主」溥侗與袁寒雲創辦的言樂會，廣泛地結識名伶、名票，如陳德霖、錢金福、王長林、余叔岩、鮑吉祥、遲月亭、范寶亭、姚增祿、王福壽、金仲仁、馮蕙林、郭仲衡、包丹庭等人，與他們共同探索京劇的未來。有文獻記載，俞平伯還與載濤、葉仰曦、翁偶虹等人一起，在宣武門外的江西會館聯袂演出過。

後來，他赴日本考察教育和戲劇。歸來先後在杭州第一師範學校、上海大學、燕京大學、北京大學、清華大學擔任教授。

據說，俞平伯對「紅樓戲」最感興趣，當票友的時候他曾票演過《葬花》。自 1921 年起，俞平伯開始研究《紅樓夢》，並在兩年後出版了《紅樓夢辨》。解放後，又先後發表了《紅樓夢研究》和《紅樓夢簡論》等專著。但是，遭受到毛澤東的政治批判，長期受到不公正待遇。文革期間，下放農村勞動改造。為解煩悶，時常獨自清唱京劇自慰。他曾寫小詩云：「茅簷絕低小，一載住農家。倒映西塘水，貪看日西斜。」「櫻子黃先赤，紅桃間綠桃。塘看嬉扁嘴，延頸白鵝高」。

他雖然身處逆境，仍然不放棄對《紅樓夢》的研究。文革結束後，應邀赴香港，發表了《紅樓夢》研究中的新成果。此外，他還有《論詩詞曲雜著》、《紅樓夢八十回校本》，《俞平伯散文選集》等著作行世。

周貽白

周貽白

周貽白（1900～1977）原名炳垣，曾名一介、慕頤，筆名六郎、劍廬。近代戲劇史學家，戲劇教育家。

周貽白祖籍長沙。1900年農曆十月十五出生於長沙坡子街的一戶平民家庭。童年喪父，家庭生計窘迫，淪為貧民，至使少年失學。為謀生活，在當地一家小戲班學戲。生、旦、淨、丑，旗、鑼、傘、報，派上什麼演什麼了。動盪的歲月裏，以一個小「能派」的角色闖蕩江湖，混口飯吃。但就此一生與戲劇結了不解之緣。他在戲班裏歷盡艱辛和捽打薰炙之中，對戲劇和戲劇理論有了深刻的理解，啟發了悟性。他一邊演戲、一邊刻苦自學，攻讀文史群籍，漸成飽學之士。開始走向了戲劇史學的研究之路。

1927年參加田漢主持的南國社，隨團輾轉奔波於大江南北。結識了諸多戲曲界、文藝界、新聞界、學界名人，進一步開擴了視野。1935年，便有《中國戲劇史略》、《中國劇場史》等著作問世，同時還開始了話劇、電影劇本的創作。作品有《北地王》、《李香君》、《綠窗紅淚》、《花木蘭》、《金絲雀》、《陽關三疊》、《連環計》、《天之驕子》等。他在戲曲理論方面的主要成就是，最先提出中國戲曲聲腔的三大源流，即崑曲、弋陽腔、梆子腔的見解，並且作出詳盡的論述；且能密切聯繫舞臺演出實踐，注重實際調查，改變了過去研究方法上只重考據和文采的偏頗。正如他自己所說：「早年演戲的經歷，名為演員，實乃一大票友也。」

1950年，他應田漢之邀，由香港回歸大陸，執教於中央戲劇學院，曾歷任文化部戲曲改進委員會委員，中央戲劇學院「中國戲劇史」教授，經歷了整個文化大革命，逝於1977年12月3日。

葉仰曦

葉仰曦繪《行吟圖》

葉仰曦（1901～1983），本姓葉赫那拉氏，名昀，號松蔭。出身滿族貴族。自幼嗜喜崑曲和京劇音樂，從溥侗、鍾秋岩、曹心泉等名家學習，並得到溥侗的提攜和傳授，對戲曲音樂和崑曲有很高的造詣。在京劇表演上，他工老生，聲若洪鐘，宏亮醇厚。他能為崑曲司笛，還能演奏「十番」音樂，有崑亂不擋之譽。

29 歲時參加中國畫學研究會。先後任美術學院、女子文理學院、清華大學音樂、崑曲助教。抗戰勝利後，故都文物研究會聘請他為樂曲組組長。解放後，先後參加北平崑曲學會和載濤、張伯駒組織的北京京劇基本藝術研究社，擔任崑曲組副組長和教師，曾演出《長生殿・彈詞》、《風雲會・訪普》等劇，行家稱他頗得溥侗的真傳，尤以《彈詞》的唱、做，最為佳妙。

張伯駒對他的藝術很欣賞，他說：「某次余觀其演《雪夜訪普》，唱工字圓韻永，惟扮妝御蟒袍玉帶，戴朝冠，前有龍套非是。按此劇為宋太祖出宮微行，應戴便冠，上加紅風帽，內御黃帔，外加藍褶子，更加紅斗篷，佩劍，一太監執燈前導，以表示雪夜微行情景。蓋為管租戲箱者，不知此戲乃皇帝微行，就租了皇帝上朝之衣冠，而演者亦無可如何，只有如此妝扮矣。」作詩讚之：「水晶宮外雪迷離，前導一燈佩劍宜。玉帶龍袍休更御，夜來豈是上朝時？」

葉仰曦擅長繪畫，20 歲時正式拜溥侗為師，學人物畫及工筆山水。1925 年，參加鍾秋岩主辦的「蘭閨雅集」曲社。隨後又襄助溥侗重整言樂會。1932 年，和陳輯五共組陶和社，常在東城青年會彩唱，並常去電臺播音。

1957 年北方崑曲劇院成立，葉仰曦擔任藝術委員會委員，兼研究組組長，經常參加樂隊演奏。1964 年退休後，以繪畫貼補生活，慘淡經營、幾陷絕境。文革以後，葉仰曦枯木逢春，八十高齡猶能引吭高歌。在全國政協文化組迎春古琴崑曲欣賞茶會上，一曲《長生殿・彈詞》為世人留下絕響。

李浮生

李浮生小照

李浮生（1902～1990），名永祥，筆名為李浮生、春申客、隴西散人。上海市人，早歲與陸京士、水祥雲、朱學範等共同致力勞工運動。日偽時期轉業從商，並兼新聞記者。

早年偏好國劇，能唱、能演、能導、能編，也精通刀槍把子。十七歲開始票戲，《獨木關》、《梅龍鎮》、《戰長沙》、《斬經堂》、《打魚殺家》等戲，他都經常演出，文戲武戲都不遜於專業藝人。此外，他還偏好體育運動，足球攻守均佳。

他在上海辦過《誠報》，寫球藝報導時用「浮生」，寫散文時用「春申客」、寫戲劇文稿時則用「隴西散人」。笥腹淵博，下筆千言、倚馬可待。在寫戲方面，先後編寫的劇本有《南屏公主》、《新漢明妃》、《巾幗英雄》外，還著有《中華國劇史》、《國劇音樂與唱腔》、《春申梨園史話》等書行世。

1948年李浮生赴臺，曾出任「記者之家」總幹事，《中國時報》總編輯，並先後創辦《攝影新聞》等雜誌，每每以大幅報導京劇動態，奉獻良多。他於七七歲前夕，為京劇寫了一部《穆桂英征東》，公演後非常上座。還以此榮獲新劇創作獎。

包緝庭

包緝庭小照

包緝庭（1903～1983），譜名桂熙，字緝庭，族中大排行十二，故票際人稱「十二爺」。祖籍紹興。咸豐年間，因洪楊之亂，定居北京南城。後人多在民國政府機構任公職。

緝庭幼時，從長輩酬酢往來，詩酒宴罷，即興舞榭歌臺。在中國傳統文化的薰染之下，七、八歲便與京劇結下不解之緣。與富連成教授如王連平，及科中子弟如孫盛文等，結成深厚的師友之誼。年及弱冠，就開始票戲、寫戲並經常撰寫劇評，見刊於北京《實報》，其中報導富連成學員們的學藝、生活的文字最多。時人將其與王道之教授並稱為富連成的「護法真人」。1948 年，舉家辭京赴臺，棄文從商，開辦了臺灣和興食品罐頭公司和亨達利鐘錶有限公司、華懋貿易公司出任經理或副總裁。

包緝庭先生之女——臺灣著名影視導演包迦說：「先父系包文正公第二十七代子孫。幼時，與眾兄弟就學於族中書房，延聘西席，學習國學。及長，入北京法文學堂複習西學。二十歲，出任北洋政府公職，1937 年隨長官公差東北。1942 年回京，於市財政局供職。來臺後，因年紀較長，友儕昵稱「緝老」。

她說：「先父來臺後，經商之餘，仍然浸淫於京劇藝術、樂此不疲。每遇富社子弟、榮椿才俊，皆鼎力扶助，以期振興徵羽。後大鵬劇團興起，遂執筆劇評，全力宏揚國劇。文章開始刊登於《華報》、《新生報》，後臺灣各大報刊雜誌如《中央》、《中華》，《大華》、《自立》、《民族晚報》，《春秋》、《中外》、《戲曲論壇》、《萬象》，甚至，香港《大人》、《大成》及日本《讀賣新聞》等爭相約稿。一時洛陽紙貴，譽為海外「北派京劇劇評家」。（見包迦《我的父親包緝庭》一文）

包緝庭先生的記憶力超凡，大鵬劇團在臺灣演出的許多骨子老戲，均靠他和蘇盛軾、孫元坡、馬元亮等人攢彙默記，恢復重排的。例如全本《白蛇傳》、《嫦娥奔月》、《梅玉配》、《胭脂虎》、《棋盤山》、《武十回》、《宋十回》、《黑驢告狀》、《九里山》、《大名府》、《贈綈袍》、全本《慶頂珠》等不勝枚舉。後來，一些大陸的京劇錄音傳到香港，包緝庭又指導孫元坡等人，重排了全本《群英會》、《霸王別姬》、《將相和》、《除三害》。他對京劇藝術腹笥淵博，允文允武，尤善「開打套子」，這些，對臺灣國劇的建設和振興，貢獻可謂良多。當時，除齊如山先生之外，人稱他是一部國寶級的「京劇字典」。

吳幻蓀

吳幻蓀（1905～1975），北京人。原名吳哲生，號茱萸，別號吟碧館主。是一位文墨型的京劇名票，更是一位著名的編劇家、劇評家和畫家。

吳幻蓀青年時代，因家境清貧，為了養家糊口，中輟學業。由其父親的好友萬子和介紹到華樂戲園編寫廣告。從此，吳幻蓀與便與京劇界名伶來往頻繁，加之聰敏穎碩，嗜好京劇，不僅成了票友，還因文采蜚然，見解獨道，亦深為內行敬重。在萬子和升任華樂經理期間，即引薦吳幻蓀為他們編寫劇本。吳幻蓀文思敏捷，六場通透，每編一劇，都能成功，並得到內外行的嘉賞。楊小樓、高慶奎、尚小雲、郝壽臣、馬連良等名家或由吳提供素材，擇優而作；或由演員點題，應約動筆。先後為楊小樓、郝壽臣編寫過《野豬林》、《灞橋挑袍》、《壇山谷》等；為高慶奎、郝壽臣編寫過《青梅煮酒論英雄》等；為尚小雲編寫過《花蕊夫人》等劇。尤其是為馬連良編寫的《串龍珠》、《春秋筆》、《臨潼山》、《十老安劉》四劇，被譽為馬先生中期演劇的「四大名劇」而風靡一時。

翁偶虹（右）與吳幻蓀（中），景孤血（左）合演之《取洛陽》劇照

但是，吳幻蓀終屬文人編劇，不可避免的有時會出些瑕疵，不太適合舞臺上的處理，如為楊小樓編的三四本《連環套》，為馬連良最精心編的《臨潼山》，都有得有失。但吳先生性情耿介，處理事情不善變通，時常失之剛愎。四十年代後期，漸漸脫離了劇壇。

吳先生多才多藝，精於繪畫，尤擅「北宗山水」，飲譽一時。青年時期參加「湖社畫會」，致力於山水畫寫生融合西法。曾任北京國畫社畫師。著有《中鋒濕墨畫論》。同樣自視甚高，曾在 1935 年 12 月，要與著名畫家張大千在中山公園公開「比藝」。據當年北平《世界日報》報導，震撼平津畫壇。此事發生後，凡關心繪事者，咸極注目。逼得張大千偕兄張善孖，前往西直門內小六條拜訪吳幻蓀，當面釋疑。而吳幻蓀並沒有放棄「比藝」的初衷，重新擬訂了比藝規則，大有非比不可之意。可見吳先生的執拗性格。

高聘卿

高聘卿小照

高聘卿（1903～1997），天津武清縣人氏，宣統元年誕生於殷實的儒墨人家。父親篤信基督教，思想進步。高聘卿從小在教會文化的環境中長大，接受西方教育，中英文俱佳。因父母喜好戲劇，常帶他到戲院聽戲，聘卿亦受薰染，課餘喜唱老生，平日低吟長嘯，樂此不疲，儼然是名小票友。

大學畢業後，正趕上上海的勝利唱片公司招聘，高聘卿一試即中。因其學貫中西，且又諳熟戲劇，遂委任其為哈爾濱分公司副經理，負責經銷唱片業務。高聘卿年青有為，善於交際，且長於宣傳銷售，很快就打開了局面，銷售業績極佳。不久，便調天津寶利唱片公司出任業務部長。彼時，大大小小的唱片如雨後春筍一般林立，業務競爭激烈。他上任以後，深知責任重大，便大刀闊斧的進行改革。對落伍的錄音設備急時更換，聘用高級技術人員。並且制定了新的業務章程。嚴格錄音的選材、選段和演員，不是名角不錄，不是名段不錄，錄製效果不佳的決不上市，一定銷毀重來。矢志要灌製能流傳百世的戲曲作品。為此，他特意到日本學習提高唱片的音質和音響的處理技術。

1933 年，高聘卿曾帶領一批優秀的演員，如評劇的愛蓮君、河北梆子秦鳳雲，以及京劇名票孟廣亨、欒樸蓀、張吾翼、顧玨蓀遠渡重洋，到日本東京灌製了一批唱片。這些唱片不僅豐富了北方的文化市場，還為今人留下了一批寶貴的戲曲資料。

1937 年，他又兼理了北京的國樂唱片公司，高聘卿任文藝部主任。曾為言菊朋、余叔岩、馬連良、金少山、蕭長華、諸如香、程硯秋、奚嘯伯、萬嘯甫。一大批著名的京劇演員灌製了約四百部唱片。工作之餘高聘卿正式拜了言菊朋、余叔岩、馬連良為師專心研習老生，成為一代名票。他與酈縵雲和茹富蕙等名家合作，灌製過《南天門》等唱片。

1945 年，諸家唱片公司結束。高聘卿應邀到瀋陽中央信託局工作。解放後，轉到太原建築工程部工作，一直到花甲退休。退休後，時常出入票房，清唱自娛，還為票友們說戲、排戲。暇時專注收藏和整理戲劇資料，著有《京劇史》、《京劇理論研究》及《京劇演員表演藝術淺談》等文稿三十餘萬字，準備出版。不幸「文革」爆起，他的書稿和諸多史料均都付之一炬。

阿甲

阿甲（1907～1994），原名符律衡、符鎮寶，宜興丁蜀鎮雙橋村人，生於武進湟里一塾師家庭。阿甲自幼隨父讀書，愛書畫，尤喜京劇。他生性聰穎，常為鄉鄰寫字作畫，有時還常跑到票房去聽戲。久而久之，自己也能唱上一、兩齣。他聽說宜興顯親寺有位高僧名叫懷舟，出家前曾跟譚鑫培學過戲。就主動地找進山門，拜懷舟為師。懷舟不僅教其京戲，而且還教他書畫。阿甲聰明，一點就會，老生學得很有出息，小小年紀，譚味十足。不久就能參加當地票房的演出，成了一名地地道道地小票友。因為他有嗓子，人們給了他一個藝名叫「十靈童」。

阿甲的劇裝照

抗戰爆發後，他投奔革命。1938 年奔赴延安，考入魯迅藝術文學院美術系，是時始用藝名「阿甲」。

當時的延安魯藝沒有京劇專業，也沒有「內行」老師，在教職學員中，有少數人是到延安之前曾登臺演唱或演奏過京劇的「票友」和「戲迷」。阿甲算是其中之一。魯藝把他們組織起來，開始演出京劇。

他們演的第一齣京劇是《松花江上》，劇本是根據傳統戲《打魚殺家》改編的。內容反映東北松花江上漁民的抗日反奸鬥爭。劇中相當於蕭恩一角的趙瑞，就是阿甲扮演的。相當於桂英的趙女，則是由江青扮演。此外，還有李綸、張東川、崔嵬扮演其他人物。

演出後，中央機關和群眾反映良好。從此，阿甲從票友就變成了當家老生了。魯藝排出的《松林恨》、《學不夠》、《烏龍院》、《清風寨》、《法門寺》等戲的男主角，大多是阿甲擔綱。有些演法不倫不類，可是觀眾也很感興趣。

魯藝演出的京劇受到黨中央的重視，中央撥款兩千元給他們買行頭。阿甲、任桂林去西安買到了一付「三水戲箱」。從此，延安的京劇也就初具模樣了。排演《群英會》，阿甲飾魯肅，陶德康飾周瑜，羅合如飾諸葛亮，也就不顯得「老斗」了。樂隊人員則有卜三、王久晨司鼓，王震之、李綸、華君武操琴，金紫光、劉沛奏二胡，鄧玉成、劉熾、劉介之、陳叔亮等分掌打擊樂器。這裡，除了一些人較長期從事專業京劇工作外，其餘都是業餘京劇愛好者。後來，有幾位都成了著名戲劇家、音樂家和美術家。

阿甲一生從事戲劇演出、編導工作，延安時期，他就參加《逼上梁山》、《三打祝家莊》京劇的修改和演出，受到毛澤東的讚揚。魯藝正式成立平劇（京劇）研究團後，阿甲除擔綱主演外，還相繼兼任團長、院務委員、研究室主任，副院長等職。

建國後，主要從事編導和戲劇理論研究，由他個人或與他人合作編導的歷史劇有《宋景詩》、《赤壁之戰》、《鳳凰二喬》等，現代戲有《白毛女》、《柯山紅日》、《紅燈記》。在戲劇理論研究方面，他撰寫了《戲曲表演論集》和《戲曲表演規律再探》等書。

景孤血

景孤血（1910～1978），原名景增元，字叔偉，筆名拜樊室主。景家是東北長白山的滿族旗人。姓瓜爾佳氏。其先祖隨軍入關，久居海淀，世襲武職，不尚文事。出生於民國伊始，祖蔭鬱厚，詩禮為家。在父母的呵護下，飽讀詩書，五歲課對，六歲能文，七歲拜名儒馬述古為師，堪稱早慧。他聰明好學，博聞強記，學識出眾，超乎一般少年，深得文壇名宿慶博如的器重。稍長又拜清末著名詩人樊樊山為師，研修詩詞。年近弱冠，即被聘為《京報》的主編。

受時風影響，景先生嗜喜京劇，且多與藝人交際，熟諳梨園遷變。他為唐伯弢所著《富連成三十年史》寫序之時，年僅 21 歲。他的藝術天份極高，聆曲過而不忘，清唱、彩唱、無師自通，登臺票戲，信手拈來，別有光彩。他常與翁偶虹、吳幻蓀合作，一時人稱「名票三傑」。景先生雖然相貌嗓子不好，可每每粉墨票戲，先演小生，後學丑角，走的還是蕭長華詼諧冷雋的路子。

《打嚴嵩》劇照。翁偶虹飾嚴嵩，吳幻蓀飾鄒應龍，景孤血飾院子

從上世紀 30 年代起，景增元開始使用「景孤血」的筆名從事戲劇寫作。然而，何以用「孤血」二字自命呢？景先生並無一字解釋。有知音者臆度，其意為「落霞孤鶩，殘陽如血」之景，壯闊絢爛而蕭瑟疏離。試想王勃的「落霞與孤鶩齊飛，秋水共長空一色」，寫的不就是「如血的殘陽將天空印得血紅、血紅，同時給大地的萬物都披上了紅色的面紗；這時候，遠處的天空飛來一隻孤獨的鶩，他偶而發出一、兩聲尖叫，那叫聲如泣如血，打破了大地的沉靜……」。「景孤血」的筆名大祗是眼看著壯美的京劇日漸凋零，而產生著一種力挽狂瀾的悲愴激情。

也正是這種致藝為己任的激情，景先生傾畢生之精力投身到戲曲評論和戲劇創作之中。

景先生具有士大夫文人氣質的學者，孤清高傲、不拘俗世、具有士大夫文人氣質的民國學者。他評論入木三分，文筆深刻犀利，洞世明察秋毫。從不趨時媚俗，敢於直抒胸臆，實有董狐之譽。專著《京劇行當》和論文《由四大徽班時代開始到解放前的京劇編演新戲概況》等文章，都具有很高的學術價值。

抗戰勝利後，景孤血已不再做報紙編輯，經評書家連闊如介紹，加入廣和樓的新興社彩頭戲班，為該社編寫了《水泊梁山》、《姜子牙與哪吒》、《明清八俠》等戲。

解放後，景先生相繼參加文化部戲曲改進局、中國戲曲研究院和中國京劇院工作。創作改編了很多劇本。其中《還我河山》、《百花公主》、《無底洞》、《鋸大缸》、《程咬金招親》、《東方朔偷桃》、《南海長城》、《五侯宴》、《佘賽花》等，都是優秀的力作。

翁偶虹

翁偶虹（1910～1994），原名翁麟聲，筆名藕紅，後改為偶虹。北京人，出生於舊官吏人家，父親在清朝政府的銀庫任職，嗜好京劇。少年時代的翁偶虹在乃父的耳濡目染之中，對京劇產生了濃厚的興趣，曾隨姨父京劇花臉梁惠亭先生和名票胡子均先生學唱花臉，偶而也粉墨登場。中學時代，加入「紅豆館主」溥侗與袁寒雲創辦的言樂會。廣泛地結織了名伶、名票，如陳德霖、錢金福、王長林、余叔岩、鮑吉祥、遲月亭、范寶亭、姚增祿、王福壽、金仲仁、馮蕙林、郭仲衡、包丹庭等人，藝術上深受薰炙。

1926 年，翁偶虹考入京兆高級中學。在入學的遊藝會上，他飾演《託兆》中的楊七郎和《賣馬》中的單雄信，名噪校園。此後，在一幫票友的帶動下，京兆高中游藝會的京劇彩唱，成為非常精彩的保留節目，並且開風氣之先，引得其他學校紛紛傚仿。翁偶虹能戲多多，如《法門寺》的劉瑾，《鬧江州》的李逵等，常與黃占彭、程茂亭、關醉禪等名票同臺。深受戲迷們的喜愛。

父親的反對，使青年的翁偶虹對京劇更加癡迷，從而走上了一條聽戲、學戲、演戲、寫戲、評戲、畫戲的藝術道路。他將自己的居室命名為「六戲齋」。1930 年，中華戲劇專科學校成立，他被聘為兼職教員，並在中華戲劇專科學校擔任編劇和導演。先後為程硯秋、金少山、李少春、袁世海、葉盛蘭、童芷苓、黃玉華、吳素秋等演員以及中華戲曲專科學校、富連成科班編寫劇本共 100 餘齣。代表劇作有《宏碧緣》、《甕頭春》、《鎖麟囊》、《鴛鴦淚》、《美人魚》、《百鳥朝鳳》、《將相和》、《竊符救趙》、《響馬傳》、《摘星樓》、《高亮趕水》、《桃花村》、《李逵探母》、《紅燈記》等。翁偶虹有深厚的文化素養，自身精於戲曲表演，因此他的作品具有文學性、表演性兼得的特點，又立意深刻，結構嚴謹，宜於舞臺演出。

翁偶虹（左）在票房排戲的劇裝照

朱家溍

朱家溍（1913～2003），朱家溍是宋代理學家朱熹的廿五世孫。其父朱文鈞先生是著名金石學家，曾任故宮博物院專門委員，負責鑒定院藏古代書畫碑帖等文物。朱家溍先生子承父志，也成為著名文物專家和清史專家。生前是故宮博物院研究員、國家文物鑒定委員會委員、中央文史館館員。

《寧武關》朱家溍飾周遇吉

朱家溍生性嗜戲，對戲劇史和京劇藝術深有研究，還是一位著名的「票友」、著名的戲曲研究家。

朱家溍在學生時代，先後師事范福泰、遲月亭、陳少武、劉硯芳、曹心泉、錢寶森等名家。對楊小樓的表演藝術研究有素，造詣頗深，一招一式都得過高人指點，是伶票兩界公認的楊派藝術家。他的能戲甚多，青年時期已有名票之稱。

1988 年，在紀念楊小樓 110 週年誕辰活動中，他粉墨登場，示範演出了楊派《長阪坡·掩井》和《青石山·對刀》。翁偶虹先生說：「家溍兄幼即嗜劇，尤喜金戈鐵馬之聲，鼙鼓將帥之作，身軀頎偉，歌喉爽銳。73 歲高齡，紮硬靠，登厚底，刀槍並用，身手兩健，猶能傳楊派之神，示楊派之範。」

朱家溍年逾八旬之後，尚能登臺演出崑曲《單刀會》、《浣沙記》、《鳴鳳記》、《鐵冠圖》、《卸甲封王》，京劇《連環套》、《湘江會》等武戲，博得戲曲界高度讚譽。

解放初，他兼任梅蘭芳的藝術顧問，參加整理了梅蘭芳《舞臺生活四十年》第三集的編纂。梅蘭芳逝世後，他為梅蘭芳編寫了年譜，並出版了《梅蘭芳舞臺藝術》一書，還為《中國京劇史》撰寫了「清代亂彈戲的發展」章節及楊小樓、錢金福、載濤等人的傳記條目。

鄭大同

鄭大同（1913～1986），上海人，係著名土木力學專家，同濟大學教授、博士生導師，寶鋼總廠的工程顧問。同時，他還是一位資深的京劇名票。

二十世紀三十年代，他在天津上中學時就是一名小票友，學青衣，癡迷程派。十幾歲，就登臺演出過《賀后罵殿》。上大學時，常常啃著冷燒餅去看程先生的戲，散戲後學校大門緊閉，只得爬牆頭。1942 年，他從美國哈佛大學獲得碩士學位後回到天津，正準備結婚，恰巧程先生在上海演出，他毅然放棄了去杭州度蜜月的打算，改去上海，天天帶著新娘子，出入戲院子，陶醉在高雅的程派藝術之中。他為程硯秋拍了許多劇照，託朋友轉呈，當程聽說這位大學生為了看他的戲不度蜜月之事，非常感動，便在化粧室裏與鄭見面。從此，二人成了至交，每次見面，都要促膝聊到深夜。程先生對鄭先生的唱給了多處指點，使其漸悟個中訣竅。收益匪淺。

左起：鄭大同，鍾榮，王吟秋合影

1945 年，鋼絲錄音機剛剛在國內上市，價格很昂貴，鄭大同四處籌款買了一臺，用來收錄程先生的實況演出。1946 年 9 月程硯秋先生懷著對抗日戰爭勝利的喜悅心情，在上海連續演了 36 場程派本戲。鄭大同將其全部錄了音，成了名副其實的珍藏程派藝術資料的大戶和研究程派藝術的專家。

程先生一生中演出過的 84 齣傳統戲和 29 齣本戲，鄭大同幾乎都會唱，而且都有唱詞、曲譜的親筆記錄。1953 年，程先生在上海演出了 26 場《祝英臺抗婚》，他和夫人帶著錄音機、照相機、筆記本一連看了 26 場。而且邊看、邊記、邊拍照。最後，整理出一份含曲譜在內的完整劇本。

鄭大同人緣非常好，他與所有程派名人名票都是好朋友。許多程派名家如新豔秋、趙榮琛、王吟秋、唐在炘、程永江、沙紹春等每到上海，必會拜訪鄭老師。無論是教育界、票界，只要提起鄭大同的名字，都是有口皆碑的。他的得意弟子是程派的後起之秀鍾榮。

1960 年，鄭大同先生將他珍藏的 60 大盤程硯秋錄音資料全部奉獻給國家，在「音配像」工程中的 16 部程派劇目，絕大部分是採用他所提供的錄音資料。

鄭大同先生一生的著述甚豐，有《地基極限承載力的計算》、《軟土地基與地下工程》，還與許錦文、夏邦琦合著了《程硯秋唱腔集》。可惜，鄭大同夫婦在一次煤氣中毒事件中，不幸同時去世，終年 73 歲。

劉曾復

劉曾復（1914～2012），北京人。出生於官宦人家，其父曾任清末學部教習。1937 年畢業於清華大學，任北京醫科大學生理學教授。從醫七十餘年，以「整合生理學」和「定量生理學」的研究在國內外學界享有盛譽。而且對京劇藝術都有著獨到的貢獻。用劉老的話說，「醫學是我一生的事業，京劇是一生的愛好。」

劉曾復小照

劉曾復酷嗜京劇，能戲亦多，主要得自王君直、王榮山。早年，劉曾復之父與王君直、王榮山是好朋友，劉曾復於清華上大學時，常去王君直府上聽其演唱，並從其學《四郎探母》、《擊鼓罵曹》、《二進宮》、《碰碑》等之唱腔及念白等，打下了良好的唱、念基礎。王榮山，藝名「麒麟童」，早於周信芳。他十一、二歲到京演出，已是極紅的名角了。劉曾復大學畢業後，到協和醫院實習時，常到王先生的寓所去學戲。陸續學了《雙獅圖》，《賣馬》、《桑園寄子》、《一捧雪》、《打棍出箱》、《南陽關》、《伐東吳》、《戰太平》、《寧武關》、《太平橋》等戲。

劉增復的第三位老師是王鳳卿。給他說了《群英會》、《汾河灣》、《寶蓮燈》、《陽平關》等戲。劉曾復的把子功得益於九陣風、錢寶森、王福山等人。他雖習老生，對臉譜藝術也頗有研究，曾向侯喜瑞、錢寶森等人請教。他與劉硯芳也極為要好，常向其請教有關楊（小樓）派表演及其他藝事。他曾看過楊小樓 60 多齣戲，余叔岩 30 多齣戲，都留下了極深的印象。他雖非演員，但能戲很多，並頗有研究。與張伯駒曾合作演出過《盜宗卷》、《寧武關》等。

他見多識廣、潛心鑽研，對於楊小樓、王鳳卿、余叔岩、言菊朋、貫大元、孟小冬、楊寶森等的藝術，均有較深研究，發表不少獨到見解。張伯駒贊其:「外行腹笥亦非空，說戲榮山是正宗。十老安劉盜宗卷，陳平風度不龍鍾。」

劉曾復雖未從藝，但在京劇界頗有威望。不少本界、票界和研究者常登門與其切磋或當面請教。劉硯芳四子宗華、陳少霖三子志清等，都曾向劉曾復切磋藝事。厲慧良二妹慧蘭特意從重慶來京，向劉曾復學《法場換子》、《桑園寄子》、《打登州》、《珠簾寨》等戲。

他還是研究京劇臉譜的行家，他繪製的臉譜多達數百幅，分別為中國藝術研究院，北京市藝術研究所，天津戲劇博物館，英國大英、牛津、東方博物館，德國漢堡人類文化博物館等處收藏。北京燕山出版社曾出版他的專著《京劇臉譜圖說》，頗具學術、藝術和收藏價值。

潘俠風

潘俠風（1914～1993），於民初甲寅年三月初七出生在北京小堂胡同的一富戶之家。深受家庭影響，自幼喜愛京劇。還在上中學的時候，就已對京劇各方面的知識甚為熟知。因周邊京劇票房很多，他經常出入其間，認識了很多內外行的朋友。他喜歡京劇舞臺上的英雄人物，曾拜富連成的名角駱連翔為師，學習武花臉。每日像內行一樣練習武打基本功，日復一日練就一身工夫，能翻能打，能上臺獻藝。串演《白水灘》《八大拿》等劇，

潘俠風劇照

這在票界也堪稱一絕。因為彼時票界多學文戲，票演武戲的極少。且演好武戲的票友更數鳳毛麟角，因之小有名氣。

潘俠風不僅有一身硬工夫，而且文思疾敏，筆走龍蛇，千字文章，倚馬可待。在家庭的支持下，他在中學畢業後，便在北京、天津兩地自辦戲曲報刊，以文筆犀利、批評衷懇而成為辦戲曲報刊的權威人士。舊時有「南張北潘」之譽。「南張」，指的是在上海辦《戲劇旬刊》的張古愚先生，「北潘」，便是潘俠風。潘俠風在知識豐富，享有京劇「活字典」之譽。其書房齋號「四並堂」，是取自南朝詩人謝靈運《擬魏太子鄴中詩・序》「天下良辰、美景、賞心、樂目四者難並」之句，足見潘先生彼時對生活和事業心滿意足之境界。

解放之初，他一度在寶文堂書局任劇本編審。後又轉到通俗文藝出版社做主任編審。出版很多高質量的京劇讀物。1957 年初，他調入戲研所戲曲編導委員會，編輯《京劇彙編》。從 1957 年到 1965 年的八年間，他與同仁共編輯 109 集，包括 477 個劇目。還有許多待編的老戲本子，為免遭「破四舊」之害，暫時封存起來。這是潘俠風於新中國建立後的一大貢獻。

潘俠風在編輯《彙編》之餘，還利用業餘時間編寫新戲。先後編寫出《青霞丹雪》、《三俠五義》、《于謙》和《趙氏孤兒》等戲，分別由馬連良、譚富英。裘盛戎、張君秋等名家演出。「文革」開始之後，被摘上「反動文人」的牌子遭到了殘酷鬥爭，至使萬念俱灰，提前退休。原想隱退市井，苟且偷生。「四人幫」被捕後，摘去了「反動文人」的帽子，多半輩子結緣戲劇的心「死灰復燃」。又創作了《溜鬚老店》、《鑒湖女俠》、《俠骨柔情》等一系列優秀作品。

1993 年，正月十五元宵節。潘先生忽覺身體不適，竟自撒手人寰。

范石人

范石人（1914～2012），上海市文史館館員，當代著名京劇余派藝術研究家、教育家，著名京劇票友。

范石人出生在上海郊區的一戶貧困之家，幼年失怙，拾過柴，放過牛，十二歲隨母親來到上海。在南市九畝地「乾泰祥」布店學徒。離「乾泰祥」不遠處，是上海的第一家新式戲院「新舞臺」。有些藝人時常光顧布店，他便認識了唱老旦的演員何潤初・得以向何學習旦角戲，也能隨時到新舞臺去看戲，這是他接觸京劇的開始。恰巧，「乾泰祥」的老闆是個戲迷，他買了一部留聲機，時常在櫃前放京劇唱片，范石人藉此機緣熟悉了很多名角的唱腔。

范石人小照

湊巧布店鄰居會拉胡琴，他每天練胡琴時，就拉范石人來弔嗓子，唱了一段時期，也就有些基礎，經人介紹他正式拜了朱友奎和張銘新為師，學譚派老生。先後學了《雙獅圖》、《魚腸劍》、《汾河灣》等戲，有時在老師的帶領下借臺演戲，得到藝術實踐的機會。

當時，蘇少卿在上海辦了「國劇學會」，是一個票房性質的學習班，范石人入會後頗受蘇少卿的青睞，教了范石人不少戲。蘇在電臺說譚派戲，就找幾位高材生到電臺去播唱，其中就有范石人，還把胡琴大師孫佐臣請來伴奏。這樣，范石人為聽眾所熟悉，漸漸成了名票。

范石人從自學到獲得名家教益，在唱的方面有所成就，但身段、功架缺乏基礎，便又向老藝人瑞德寶求教。四十年代，他隨同陳大濩北上投拜余叔岩，范為陳做些秘書工作，在北平住了五年。這五年中，范石人遙承樓臺，獲益非淺。

抗戰勝利後，范石人回到上海時已是頗有聲譽的余派名票了。他繼蘇少卿之後塵，也在上海電臺主辦了「空中京劇講座」，宣傳余派聲腔藝術，每天講解一小時，深受愛好京劇之聽眾的歡迎。後來梅派名票楊畹農也參加了這個講座，二人相得益彰，更擴大了影響。

建國之初，上海人民廣播電臺也邀請范石人繼續主持「京劇講座」節目，范石人循序有章地成為「京劇促進協會」的成員，致力於京劇教學研究工作，為戲曲事業貢獻力量。如今范老已是我國研究京劇余派藝術的知名大家，最為寶貴的是，他還填補了余叔岩十八張伴唱片裏「反二黃」版式的空白。

丁秉鐩

丁秉鐩（1916～1980）是一位著名的京劇評論家，也是一位資深的票友。

他於 1906 年誕生於北京的一戶望族之家，祖上重於儒墨，父親行醫，懸壺濟世，在京津一帶頗有聲望。因為全家酷愛京劇，每有名角演出，不論是天津還是北京，家裏就忙著買票，全體出動觀看。丁秉鐩在《回憶錄》中說：

丁秉鐩

「北方有句俗語，唱戲的是瘋子，看戲的是傻子。筆者記憶力很差，但是對於從小時候起所聽過的戲卻記得相當清楚。家母曾對我說：你小時候雖不太鬧，卻也不乖；唯有帶你去聽戲，你就把兩眼瞪著臺上，一點也不動，像個小傻子似的，從兩三歲就如此。大概筆者先天上比別人多幾個聽戲的細胞吧！先嚴在天津行醫多年，息影後便以聽戲自娛。每逢京角來津公演，就大批買票，偕家人排日往觀，而筆者卻以『附件』身份（不占位子），每天都跟著去聽。因此，後天上也從小培養成聽戲的習慣。等到長大了能獨立聽戲以後，更幾乎是日無虛夕的聽，兩個戲院之間趕場的聽，甚至從天津趕到北平去聽。說來慚愧，五十多年在聽戲上所消耗的時間和金錢可太多了，而好戲卻也聽了不少。」

三十年代，丁秉鐩就讀於燕京大學，學的是新聞系。而研究戲劇、觀劇聆曲、採訪梨園、撰寫劇評，便成了記者生涯的專題實戰。燕京大學本身就有一個高水平的京劇票房，他在此結識了內外行的很多朋友。他以「燕京散人」的筆名撰寫的劇評，以生動深刻、獨出胸臆的董狐巨筆，征服了廣大戲劇愛好者和梨園內行人氏的一致首肯和歡迎。彼時的「燕京散人」已是名附其實的「顧曲周郎」！每當丁先生到劇場觀劇，前後臺均不敢有一絲懈怠，唯恐有所失誤，而遺恨江東。

丁秉鐩一生著述等身，為京劇愛好者和研究者留下很多生動的文字和史料。其中最有代表性的著作，均再現了劇壇巨擘楊小樓、孟小冬、言菊朋、高慶奎、譚富英、馬連良等生界名伶的多彩人生，由家世及學藝，由演出及評論，乃至個人的生活喜惡，均有深入敘說，將一幅幅忠實而完整的鬚生畫像展現在世人面前。他的文章之所以有份量，正如他自己所說：「筆者都是本著多年對他們的觀察、欣賞，和與他們的交往、過從，才敢動筆的。因此，所談雖不是什麼秘聞、內幕，卻也有些是前人所未談過的。同時，不能確知，或瞭解得不詳細的，就不敢著一字。」

丁秉鐩先生在 1948 年赴臺，無論在電臺還是在報紙，依然為宏楊國劇而胼胝努力。直至 1980 年才擱筆辭世。

張大夏

張大夏（1916～200？）是當代著名的畫家，劇作家，也是位著名的京劇愛好者，京劇名票。張大夏出生於河北省的一戶殷實的儒墨人家。1938 年畢業於河北天津法商學院。受時局影響，抗日愛國，有志從政。抗日戰爭時期，投筆從戎，加入國民黨，曾在國軍特勤部從事情報工作。多次深入虎穴，屢建功勳。且兩次被日軍逮捕，由國民政府救援出獄。張大夏秉性聰穎，受家庭影響，自幼喜好京劇與繪畫，從戎期間亦樂此不疲，觀劇、繪畫兩不耽誤。他的畫作在四十年代已負盛名，尤以仕女和扇面見長，得之者視為珍稀。在行伍中，他還為隨軍劇團編寫過很多劇本。晚年創作的京劇《絳珠恨》，臺灣京劇界視為圭臬。

張大夏京劇繪畫

1949 年，張大夏隨軍赴臺。就職於中國文化大學戲劇學系，先後擔任副教授、教授，及系主任。其間，與齊如山先生相識，並拜齊先生為師。他在齊如山的指導下，繪製國劇臉譜、國劇行頭、國劇樂器和國劇身段等圖畫近二百多幅，齊如山先生親自用毛筆為其題寫了文字說明，並一一加以裱褙。在 1960 年春天，辦了一次展覽，掛滿了齊家的客廳、飯廳和他的臥室。張群、胡適、張道藩、張其昀、沈怡、毛子水和臺靜農等文化名人，先後到此參觀，莫不稱奇，讚不絕口。

臺灣「中國文藝協會」慶祝成立 10 週年之際，為宏揚國劇藝術特意舉行了「國劇圖譜展覽」。1960～1963 年 3 年間，在美國東西兩岸紐約、舊金山、西雅圖等地舉辦多次，吸引了不少觀眾，對宣傳國劇收到了相當好的效果。

大夏先生曾發起並參加了國劇欣賞委員會的籌備成立工作，全心全意投入宣傳京劇、宏場國粹的熱潮中去。他認為宏揚京劇應從「娃娃入手」，將京劇表演對接孩子衣食住行，結合好玩的歷史故事、民間傳說，講透京劇臉譜、兵器、交通工具等七大主題，創作了 260 幅精美手繪彩圖，出版發行，讓孩子笑著打開國粹百寶箱，貢獻出眾。

沈葦窗

沈葦窗（1918～1995），名學孚，字葦窗。祖籍浙江省桐鄉烏鎮人。祖父沈右亭，父親沈季璜都是著名中醫，居上海臺灣路。沈葦窗畢業於上海中國醫學院。崑曲大師徐凌雲是沈葦窗的舅父，對其喜好戲劇的影響致深。

沈葦窗與張大千合影

徐凌雲曾對寧波、永嘉、金華、北方諸崑劇，甚至京劇、灘簧、紹興大班等悉心研究，博採眾長。十八歲登臺，堅持長期練功不輟，生、旦、淨、末、丑各行兼演。後來又與俞粟盧、穆藕初等興辦蘇州崑劇傳習所，培養「傳」字輩一代崑劇藝人有功。沈葦窗說他自己：「少年時即好讀書，有集藏癖，年事漸長，更愛上了戲曲。其時崑曲日漸式微，但因我的舅父徐凌雲先生是崑曲大家，總算略窺門徑。還是和京劇接近的機會多，凡是夠得上年齡的名角，都締結了相當的友誼，搜羅有關京劇書籍更不遺餘力。」後來，他將這些重要史料收藏，如《富連成三十年史》、《京戲近百年瑣記》、《清代燕都梨園史料》、《菊部叢譚》、《大戲考》等十二部珍貴或絕版史料編成「平劇史料叢刊」在香港出版，嘉惠後學，意義重大。

沈葦窗本身對京劇素有鑽研，工老生，宗譚，也是一代名票。經常參加公益性演出。迄今，還有他和陳中和、孫盛凱合作的《甘露寺》唱片暢行於世。沈葦窗飾喬玄，陳中和飾劉備、孫盛凱飾孫權，珠聯璧合，為人稱道。

1949年沈葦窗自滬來港，投身出版事業。創辦《大人》和《大成》雜誌，出了二百六十二期。兩個刊物合起來共三百零四期，先後有二十五年之久。它是「一人公司」，從編輯、校對到聯絡作者、郵寄訂戶，都由其一人包辦。雜誌以傳記掌故為主、文化藝術為副，無論在版面和內容上都十分悅目豐富，尤其是每期封面，統由大畫家大千居士出手，寥寥數筆山水人物，已教讀者愛不釋手。至於作家陣容，都是名家，屈指數來，就有陳存仁、陳蝶衣、范基平、陳定山和林熙諸先生。談天說地、間以豐富的戲劇知識，為今人留下了一筆極為寶貴的文化遺產。

沈葦窗還曾任香港「麗的呼聲」廣播電臺工作，負責編導、電視國劇顧問。有時還親自宣傳京劇知識和流派解析，每天擁有十萬以上的聽眾。

周汝昌

周汝昌（1918～2012），乳名魁，本字禹言，號敏庵，後改字玉言，別署解味道人。曾用筆名為念述、蒼禹、雪羲、顧研、玉工、石武、玉青、師言、茶客等。他是我國著名考據派紅學大師。中國藝術研究院終身研究員，古典詩詞研究家。

周汝昌生於天津鹹水沽鎮春暉里，祖父周景頤為鎮上商業會長。周汝昌自幼喜文慕學，詩詞歌賦、琴棋書畫，無所不涉。中學考入天津工商附中，畢業於天津工商學院。其後，又考入北京燕京大學西語系和中文系。

周汝昌有著與生俱來的強烈求知欲和過目不忘的聰慧。他從小就醉心文學藝術，凡能入目的片言隻字，他都能牢記於心。對於任何感興趣的書，更是精讀細嚼、如嘬骨髓。他自小受家庭環境影響，對音樂和戲曲情有獨鍾。除了古琴、古箏之外，對京胡、二胡也操之嫻熟，頗得「手揮五弦，目送飛鴻」的妙詣。

他報名參加燕京大學京劇社後，更是過手能彈、入耳能唱。在燕京大學的師生票房中，初試鋒芒，光彩奪目，令老票友們目瞪口呆。

1941年4月，燕京大學禮堂盛況空前，京劇《春秋配》傾倒觀眾，劇中李春發的飾演者正是周汝昌。他飾演的小生，一招一式，一音一字都如科班子弟一般，頗為內外一致推崇。其後的演出中，《虹霓關》，他扮演王伯當；《三堂會審》，扮演王金龍，都深獲好評。

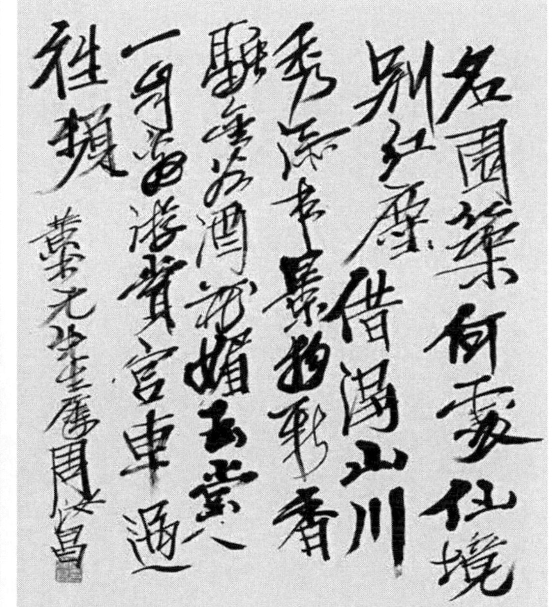

周汝昌 周汝昌的詩和書法

周汝昌對傳統戲曲的愛好，使其在學術研究中，融化為中華大文化的一個重要組成部分。例如他在一篇名為《反二簧與獄神爺》的文章中，曾對譚鑫培的《碰碑》和梅蘭芳的《宇宙鋒》、《黛玉葬花》、《女起解》諸戲一一點評。他認為中國京劇「唱出了詩的境界，繪出了詩的畫卷，是中華文化的特殊創造」。

吳小如

吳小如（1922～2014），本名吳同寶，原籍安徽涇縣茂林，生於哈爾濱。學者，北京大學歷史系教授。著名京劇票友。

吳小如出生於教育世家，其父吳玉如係南開大學教授。自幼在京、津兩地讀書，於清華大學中文系、北大中文系畢業。後留北大中文系任教授。1953 年參加九三學社。一直工作了三十年。主要講授中國文學史，也開設過中國小說史、中國戲曲史、中國詩歌史等課程。1991 年退休，任中央文史研究館館員。

吳小如一生酷愛京劇和書法。他說：「打由我父親的朋友這層關係，我結識了不少懂戲的人士，向他們請教學習。比如朱家溍先生、張伯駒先生，還有天津一位王庾生先生，我都跟他們請教過。最後，我找到了中國戲校的鈕驃和貫湧。那時貫湧和我學中文，我說行，我跟你交換，回去跟你們老爺子（貫大元先生）說，我跟老爺子學習。就這樣，我跟貫大元先生一直到「文革」前，先後學了 14 齣戲。天津有個票友韓慎先老先生，跟我父親是熟人，也是世交，也和他學過戲。我總的體會是，你對京戲的感覺和理解，學了跟沒學就是不一樣的。我有個不成文的章程，覺得自己是個教書匠，教書得教古文古詩，可你自己要是不會作文言文，不會寫古詩，就去教，那就是瞎白乎。所以，我也就學作文言文，學作舊體詩。後來我把這個道理延伸到戲裏，我也得學，學了以後指導這個戲怎麼唱，這樣下來，就比光坐臺底下看戲稍微明白一些了（見吳小如《絕版賞析》）。

吳小如小照

吳小如一生看戲、聽戲殊多。對戲劇研究殊深，交劇界朋友殊眾，為京劇著書立說等身，是近代碩果僅存的京劇史研究大家。他的特點是研究細膩，加之自己能做、能唱，對戲劇和表演分析起來，可由表及裏、由淺入深、層層掘進，剖牛解丁，令內外行一致歎服。如他主講《王鳳卿言菊朋之文昭關》、《絕版賞析》、《八種風格捉放曹》等，無不令人發聵醒目。

吳小如著作頗豐。先後出版了《中國小說講話及其他》，《古典小說漫稿》等。對戲曲寫過《臺下人語》、《京劇老生流派綜說》和《吳小如戲曲文錄》等，榮獲北京大學優秀文化著作獎。近年出版的還有《莎齋筆記》、《今昔文存》、《讀書拊掌錄》、《心影萍蹤》等。

朱文鵬

朱文鵬（1923～2008）是天津名票朱作舟先生的二公子，生於1923年，於1947年畢業於天津工商學工程系，學士學位。

在乃父的影響下，朱文鵬學習之餘對京劇發生濃厚的興趣，尤其欣賞張君秋的唱腔和胡琴過門。四十年代，錄音設備至為稀少，他就和他同學琴票佟某、喬某一起到劇場觀摩，當場記錄了許多張君秋的唱段。他的鄰居金克明先生是立仁醫院院長，家中有一臺錄音機，朱文鵬就常到金先生家去串唱片，例如「張派」的能戲《桑園會》、《春秋配》、《大保國》、《二進宮》、《坐宮》、《祭塔》、《女起解》等戲，都是那裡時學的。

後來，朱文鵬的愛好又有了變化，對武旦的開打和亮相產生了興趣。於是，棄文習武，先請了方連元先生教授《金山寺》「水鬥」。一邊唱曲，一邊舞蹈，兼以武打，還帶打出手。後又請閻世善先生教授《楊排風》、《打孟良》、《打焦贊》；又請來李金鴻先生教授《百鳥朝鳳》既《鋸大缸》。同時，還學了《取金陵》、《奪太倉》、《青石山》等戲。為演好這些武戲，他特請了馮連恩先生教授打把子、抄跤等技藝。他練功幾乎到了走火入魔的地步，練習「踩蹺」，整天把蹺綁在腳上，上下樓、跑花園，連吃飯、看書都綁著蹺。他曾三次演出《金山寺》，兩次是李金鴻助演青蛇，一次是邱富棠先生助演青蛇，演出的成功，震動了津門票界。

朱文鵬不僅在業餘京劇活動中表現出很深的功力和造詣，他在工作和事業上也是很認真刻苦。他於上世紀50年代中期調到北京市建築設計院研究所之作，因成績突出，獲國務院頒發有突出貢獻的工程技術人員證書，享受政府特殊津貼待遇。他在建築熱工節能技術科研領域，做出過重大貢獻。在京期間，他也積極參加職工票房活動，曾演出《盜仙草》、《擋馬》、《八大錘》，受到伶、票兩界的一致公認。

魏上吼

魏上吼（1924～201？），武漢人，居上海，是一位紡織業的高級工程師。數十年來研習余派老生，孜孜不倦，頗有成績。票友中除趙培鑫之外，應屬魏上吼最為專美。

魏上吼愛上京劇是從看連臺本戲《火燒紅蓮寺》、《歐陽德》開始的，那時他還在武漢讀小學。不久「厲家班」來到武漢，演員都是童伶，年紀與魏上吼相仿，他更覺得好奇，每天放下書包就吵著要去看「厲家班」，尤其對厲慧良、厲慧蘭允文久允的《打棍出箱》、《豔陽樓》、《失空斬》、《胭脂寶褶》等戲，看得更是津津有味，一到家就模仿他們的唱段，竟然漸入門道，家長對此並不反對，而且加以鼓勵，請了親友中會唱京劇的人來教他，不久他就能跟著胡琴唱起來了。

到了上海之後，魏上吼已是中學生，他的京劇水平也隨著學業的提高更有進步。因為經常能看到名角的演出，還學會了拉胡琴，在學校宿舍裏經常自拉自唱，自得其樂，已是一個十足的戲迷。他讀大學的時候，先後參加過「皓社」、「興社」、「陽春社」、「和鳴社」等票房，最早的老師是馬寶剛，正式歸路得力於前輩名票程君謀。魏上吼經他指點，且一點就透，老生戲得以突飛猛進。後經趙培鑫的介紹，問藝予余叔岩晚年的琴師王瑞芝。

王瑞芝教魏上吼學習余派唱法，重在發聲、氣口和尺寸，一句唱腔反覆練習，往往花去一兩個小時，待整個唱段掌握熟練後，才能上胡琴唱。一齣《碰碑》，幾乎用了近半年時間。如此認真地學了三年後，開始客串演出，曾與李世濟合演《武家坡》，還和李薔華合演過《大登殿》。和梅葆玖播唱過《武家坡》，和楊畹農唱過《三娘教子》，成為一代名票。

魏上吼現已年近古稀，從事中國近代紡織史的研究，著作等身。此外，仍然孜孜不休地研究余派藝術。

盧文勤

盧文勤（1928～2000），亦名文懃、文琴，祖籍蘇州，明朝永樂年間祖上遷居江蘇泰州，後裔為泰州知名鄉紳。盧文勤出生於書香門第，自幼嗜愛京劇的音樂旋律，從小癡迷拉琴。由於父母反對，他竟然偷偷摸摸在藏在被窩裏拉，為此常遭家長責備。但他疾志不愈，越禁越愛。後來，父母見他執著，也就讓了一步，要求他只要不荒疏學業，也就不過分約束他了。

中學時代，他不僅常去戲園聽戲，還常到泰州「陽春雅吟」票社去學琴、拉琴。因為他的手音好，生、旦唱腔全行，當時泰州的票友汪野、咸宜、馬倫甫、任全祿、孫紹侯、支振聲等人都喜歡讓他拉琴。票社聚會的地點設在泰州中山公園內的荷花池花廳。與文勤同來參加的，還有馬光和、儲曉梅等人。抗日戰爭勝利後，諸票友曾於勝利大會堂演出《宇宙鋒》、《空城計》等劇目，以示慶祝。此時，盧文勤在臺上操琴已是獨擋一面了。

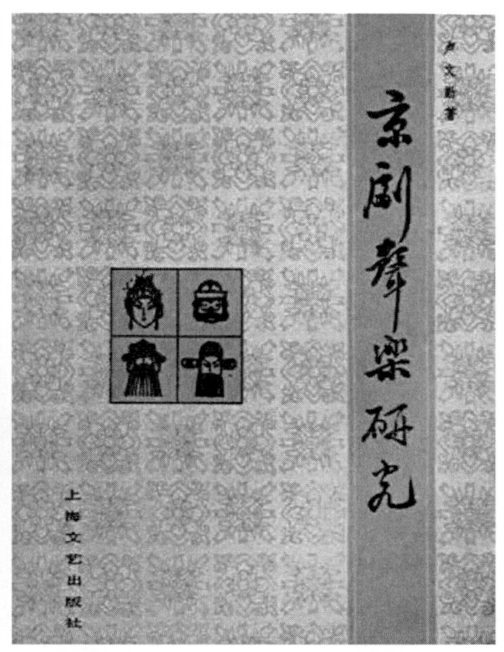

盧文勤和他的著述

四十年代初，盧文勤考入上海同濟大學讀書，學的是物理專業。因為上海劇場雲集，各地名角競相獻藝，盧文勤無不往觀，於是飽受薰炙、眼界大開，琴技猛增。他的業餘生活全部都用到胡琴上了。他在學校裏，參加了同濟大學的師生票房，為愛唱京劇的老師、同學操琴，也是梁棟。有一次，校方搞聯歡，主持人要當時剛剛入校讀書的梅蘭芳之女梅葆玥上臺來唱一段。葆玥想借沒有琴師而推卻。組織者急中生智，把盧文勤拉上臺來。文勤並不怵頭，當即理弦定調，梅葆玥唱了一段余派的《搜孤救孤》，盧文勤不慌不忙，拉得嚴絲合縫、滴水不漏。葆玥感其技藝不凡，在觀眾的歡迎下，又唱了一段難度很高的《戰太平》。盧文勤也「卯」上了，一把琴拉得珠璣傾覆、玉盤叮咚，和著唱腔猶如雲裏朗月、風蕩梨花，二人珠聯璧合。歌罷，不僅觀眾大嘩，葆玥對文勤也佩服得五體投地。翌日，便把這位學長請到了家裏，請他給自己和葆玖拉琴。在家中蓄鬚明志的梅蘭芳聽了他的琴藝也十分喜歡。從此，文勤得入門牆，成了梅宅的座上客。梅先生吊嗓子，也叫文勤伴奏。

盧文勤聰明絕頂，不僅把梅先生所有演出劇目都拉得頭頭是道，而且，還對梅派的發聲方法研究得入木三分，因此深得梅先生關愛。彼時恰值日本投降，梅先生計劃復出，重新登臺演戲。遂推介盧文勤拜了王少卿為帶道師，正式下海，與倪秋萍一起為梅先生操琴。並且走上了聲樂理論研究的道路。

梅葆玥在《追念教誨倍思親》一文中提到，盧文勤在指導京劇演唱發聲技巧方面有著獨特的方法。她說：「盧文勤老師曾經給我一張字片，說是氣、音、字練習非常有效的，是用〔十三轍〕來練的。札錄如下：風（中東）催（灰堆）暑（姑蘇）去（一七）荷（波梭）花（發花）謝（乜斜），秋（由求）爽（江陽）雲（人長）高（遙條）雁（言前）自（支思）來（懷來）；俏（遙條）佳（發花）人（人辰）扭（由求）捏（乜斜）出（姑蘇）房（江陽）來（懷來），東（中東）西（一七）南（言前）北（灰堆）坐（波梭）。一個字一個字提丹田來念，哪路音乾了，哪路音圓了、分得清，找得準，比較有效。」

解放後，盧文勤曾任上海戲曲學校教授、中國音協戲曲聲樂研究會會長。與人合作編輯了《梅蘭芳唱腔集》，對梅派唱腔的考證和傳播做出了傑出的貢獻。同時，他在京劇旦角的發聲和共鳴方面，有著精僻的見解。著有《京劇聲樂研究》一書，是一部現代京劇發聲法的重要文獻。他的這項研究使很多京劇演員受益，例如史依弘，陸儀萍，高紅梅等人，在科學方法的指導上，她們的嗓子都是通過「盧氏訓練法」，達到「水亮響膛寬淨脆」的演唱境界。

歐陽中石

歐陽中石（1928～2020），生於山東省泰安。很小就對戲曲產生了濃厚興趣，九歲時，便以小票友的身份在泰安登臺演唱，尤其喜歡摹仿奚嘯伯的唱腔。在濟南上初中時，他的一個同學哥哥是戲院經理，他常借這個便利到戲院聽蹭戲。有一次，他到一位票友家裏學唱奚嘯伯的戲，突然從裏屋走出來一個人，正是奚嘯伯。奚嘯伯覺得這個孩子聰穎可愛，行腔吐字也非常規範，將來是個可塑之材，便破例收下了這個學生徒弟。

1950 年，歐陽中石考入北京輔仁大學，師徒倆方共聚北京。課餘時間，奚嘯伯給他仔細說戲，歐陽中石認真學習，將奚嘯伯用畢生心血積累了一整套「唱」的法則，如「以字定腔」、「以情行腔」、「錯骨不離骨」等技巧，一一默記於心。就這樣經過多年的磨礪，終得真傳，掌握了奚派藝術的「洞簫之美」。歐陽中石雖然身為票友，但所學紮實地道，為內、外行一致稱道。

1957 年，奚嘯伯排演了新編京劇《范進中舉》，贏得各界好評。為了把這齣好戲磨煉成精品，歐陽中石受老師委託修改劇本。他不僅重寫了兩段唱段，而且深化了主題，使該唱段流傳至今，成為該劇中膾炙人口的名段。在改編者的署名上，老師堅持要把學生的名字加上，可歐陽中石卻婉拒說：「這是我應盡的弟子之道。」

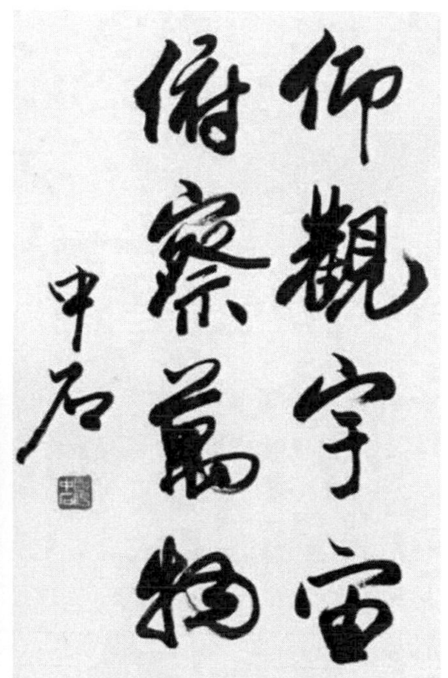

歐陽中石

反右運動中，奚嘯伯被打成「右派」，下放石家莊京劇團。「文革」中又遭受迫害，被打入「牛棚」。師生數年未能見面，就連書信往來也被迫中斷。1975 年 5 月，中石實在思念老師，悄悄地登上了前往石家莊的列車。師生相見，兩人都流下了熱淚，一夜盤桓，翌日灑淚分別，誰想竟成永訣！歐陽中石含淚寫下輓聯：「視徒如子，愧我無才空負雨露。尊師若父，枉自有心奈何風霜。」足證，他們師徒的深厚感情。

歐陽中石雖然沒有正式從事京劇藝術，但他經常登臺彩唱。他的扮相、唱腔、音色、韻味等都酷似其師。1985 年，他和京劇名家們一起演出了《龍鳳呈祥》、《坐樓殺惜》等戲，受到各界讚譽。為表達對老師的思念，他還錄製了一套《中石唱念自娛》的錄音帶，都是奚嘯伯早年曾教過他的一些唱段。

歐陽中石曾長期協助奚嘯伯先生工作，對「奚派」藝術的完善有著重要的貢獻。同時，他還把京劇作為一門學問，舉凡京劇的歷史淵源、音韻、各派藝術特色及表演實踐等都有專門的研究，其見解刊載於各種報刊、文集。他還是一位書法家，著有《中國書法史鑒》、《中國的書法》、《章草便檢》等書行世。

夏邦琦

《文姬歸漢》夏邦琦飾蔡文姬

夏邦琦（1930～201？），上海人，清末「楊乃武與小白菜」一案的昭雪人——吏部左侍郎夏同善，便是夏邦琦的曾祖父。夏邦琦的父親夏叔呂，是清末駐瑞典使館的二等秘書，在瑞典生下長子幫瑞。1930 年在上海生下次子夏邦琦。

他出身於這樣的一個官宦人家，受到良好的中西文化教育，從小跟隨父親到各府衙聽戲看戲，耳濡目染，潛移默化，對京劇發生了濃厚興趣。邦琦的母親是個京劇票友，工老生，對邦琦悉心培養。請來郭聖與為之開蒙，學了《女起解》、《三堂會審》、《武家坡》、《二進宮》、《坐宮》、《寶蓮燈》等傳統老戲，曾在堂會上和母親合演《武家坡》。15 歲時，通過表親盛岫雲（別號穎若館主）的介紹，得向程硯秋先生的琴師周昌華先生問藝，從此踏進學習程派藝術之門。

17 歲時，他與言派名票李家載合演《罵殿》，從此聲名益振，成為滬上的一位名票。程硯秋每次到上海演出時，夏邦琦都能得他的點撥和鼓勵。學生時代的夏邦琦，經常在電臺獻藝，獲得「程派小弟弟」的美稱。

夏邦琦考入上海交通大學，攻讀機械工程。學有所成，大學畢業後從事技術工作，成為上海機器廠的高級工程師。他在業餘時間，堅持研習程派藝術，數十年不輟。

這個階段，邦琦在程派唱腔上已頗有成就。程硯秋先生曾鼓勵他：「雖然由於工作崗位不同，你不能把京劇藝術當作職業，然而作為一名程派藝術的知音，希望能夠堅持業餘鑽研，發揚和傳播程派藝術。」情真意切，語重心長，邦琦深受感動。

1958 年，程先生逝世，邦琦寫了很多紀念文章表示對大師的緬懷，並在電臺向聽眾介紹程派聲腔藝術。邦琦在上海人民廣播電臺演唱的《文姬歸漢》，多次在中央臺向全國播放。

「文化大革命」的浩劫中，夏邦琦成了「資產階級反動技術權威」，難逃厄運，不僅遭到毀滅性的抄家，最令他痛心的是他花費幾十年心血記錄下來的程派藝術資料，全被付諸一炬。這對他繼續研究程派藝術是個巨大的損失。他被下放到車間勞動，當了一名鏜床工。浩劫後過，夏邦琦重獲新生。經常參加一些大型集會諸如文聯、藝術研究所、科學會類的招待會等，並且擔任了上海文聯組織的「程硯秋藝術研究會」的副會長。在上海人民廣播電臺錄唱了《鎖麟囊》、《英臺抗婚》、《馬昭儀》和《法門寺》選段，經常在電臺重播。

1983 年，他與鄭大同、徐壽星、許錦文共同整理出版《程硯秋唱腔集》。與徐壽星、許錦文整理出版的《京劇曲譜集成——六月雪》和《程硯秋唱腔集——新編本》，都是研究程腔極有參考價值的範本。

包婉蓉

包婉蓉（1930～202？）生於 1930，係浙江湖州的名門望族。其父包句香是上海的名中醫兼書法家，別號「吟梅花館主」。母親顧蘊玉亦學醫有成。且夫妻二人酷愛京劇，與梨園界多有交往，學戲唱戲是業餘所好，二位都是京劇票友。包婉蓉自幼耳濡目染，也成了一個京劇小戲迷。15 歲，正式拜荀慧生為師。當時上海灘票演《紅娘》、《紅樓二尤》、《杜十娘》等荀派戲，常能看到包婉蓉作場的身影。後來又拜了京劇名伶黃桂秋、王瑤卿為師。學會了京劇 100 多齣。包婉蓉轉益多師，既會梅派、黃派，又長荀派，形成了自己的京劇表演藝術風格。

後來，包婉蓉毅然下海，成立了自己的京劇劇團，跑碼頭演出。五十年代，私人劇團解散，他進入上海機床廠當起了起重工人。他說「那段時間裏，我把自己演出時定製的大量戲服藏在特製的煤球箱底部，得以保留下大量珍貴的京劇服飾。其中還有恩師黃桂秋贈送梅蘭芳先生演出時用過的帔和褶子，雪又琴穿過的女蟒等。這些戲劇服飾不僅是珍貴的藝術品，它還保存著豐富的文化內涵。

文革以後，包婉蓉的收藏得以重見天日。在上海文化部門的支持下，他在上海奉賢區，成立了私人的京劇服飾藝術館。並於 2002 年正式對外開放。館內收藏有生、旦、淨、末、丑、各名家的特色戲服，蟒、靠、帔、裙襖、開氅、褶子以及頭面、冠戴計一千餘件。吸引中。外戲劇愛好者紛紛前來瞻看觀摩。

聞人名票

聞蘭亭

聞蘭亭（1870～1948），字漢章，祖籍江蘇武進，生於江蘇泰興。少年時代在靖江的棉花店為學徒，學藝頗精。後來他到上海闖天下，不數年便在紗界嶄露頭角。1912 年在南京路集益里創辦「紗業競智團」，六年後又組建紗業公會，出任會長時已是中國紗業巨頭。成為滬上著名企業界領袖。

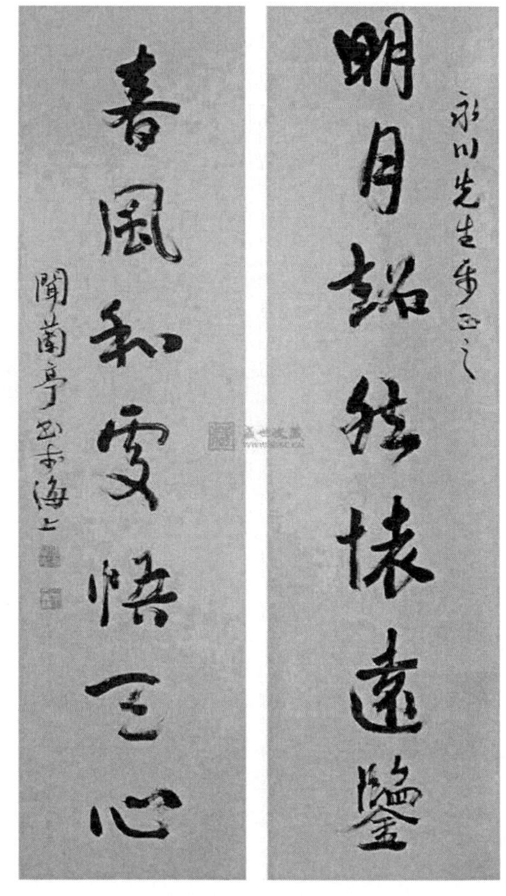

聞蘭亭書法楹聯

聞蘭亭喜愛京劇，工老生，受過名師指點，與伶票兩界稔熟。曾出資設立棉紡界同仁票房，時常組織義演，成績斐然。早在二十年代，就以慈善家聞名上海。他收入甚豐，但是不置一地一宅，而把絕大部分資產無私地捐獻給社會。每當有戰亂、災害、災荒發生，他的慈善團會立即組織力量募款賑濟。

1931 年，江淮水災殃及十九個省，災民達五千萬人以上。舉國上下掀起各種形式的救災運動。聞蘭亭等人在江灣葉家花園，與上海紳商王一亭、王曉籟等人共同發起「上海籌賑各省水災遊藝大會」。他在啟事中說：「鑒於年來人民浩劫頻遭，災區廣大，救濟殊難著手，蒿目時艱，終違夙願，兼之外侮孔亟，商業凋疲，捐款良非容易，爰採社會人士娛樂興趣之心理，邀集同志，發起遊藝大會。」邀集了伶票兩界名人一連演出了十場大戲，他自己也粉墨登場，演出了《回荊州》、《捉放曹》等戲。其門票收入及園內商品銷售等所得，一概作為賑災款。共募得捐款 260 多萬元，及時送到各地災區，起到了扶危濟困的作用。據時人評價，他的老生唱得一般，身上也有很多毛病，而他在民眾出現危難之時，勇於扶危濟困、急公好義的品德一向為人稱道。

但是，他在 1944 年卻失足落水，出任了汪偽政權的中國實業協會監事長和全國商業統制總會理事長，替敵偽政權維持時局。抗戰勝利後，國民政府以「通謀敵國，圖謀反抗本國」等罪名，判聞蘭亭入獄 8 年，後經各界陳詞救助，改判徒刑 3 年。1948 年 7 月去世。

李釋戡

李釋戡（1876～1961），字宣倜，亦名無邊華居士，福建侯官人，少年時代與林森、黃秋岳及天津商界名人祁仍奚為同學好友，清末畢業於福州英華書院。後經同鄉薩鎮冰推薦赴日留學。歸國後隨鄭孝胥進京進入理藩院，駐節密雲古北口，負責辦理蒙藏事務。民國初年，入將軍府領銜將軍之職。不過，他這位將軍平時處理公務不多，而大部分精力都浸淫劇事之中。

李釋戡一生嗜戲，暇餘工老生，也是一時名票。後經壽子年與馮耿光介紹，結識少年梅蘭芳，從此，一心輔佐梅蘭芳長達半個世紀之久。李釋戡在綴玉軒中的地位，如果比喻為軍機處，李釋戡便是領班；如果說是參贊密議，則李釋戡便是梅蘭芳的文案班頭幕僚長。

李釋戡是個多面手，在綴玉軒中，馮耿光負責經濟開支，李釋戡則主持日常事務。曾撰寫《蘭芳小傳》，向國內外對梅氏廣為宣傳。

梅蘭芳在他的自傳《舞臺生活四十年》中提到，李釋戡為其編寫《嫦娥奔月》劇本的情形：「這一天即景生情地就談到了應節戲。李釋戡先生說：『戲班裏五月五是演《五毒傳》、《白蛇傳》、《混元盒》等戲，七月七日是演《天河配》，七月十五是演《盂蘭會》，八月十五是演《天香慶節》，俗名都叫做應節戲。這裏面《白蛇傳》和《天河配》是南北普遍流行的；《天香慶節》就徒有戲名，沒看見過人演唱的了。我們有一個現成而又理想的嫦娥在此，大可以拿來編一齣中秋佳節的應節新戲。』大家聽了一致贊同。李先生說：『書上的嫦娥故事，最早只有《淮南子》和《搜神記》裏有「羿請不死之藥於西王母，嫦娥竊之以奔月」這樣兩句神話的記載。我們不妨讓嫦娥當做后羿的妻子，偷吃了她丈夫的靈藥，等后羿向她索討葫蘆裏的仙丹，她拿不出來，后羿發怒要打她，她就逃入月宮。重在後面嫦娥要有兩個歌舞的場子，再加些兔兒爺、兔兒奶奶的科諢的穿插，我想這齣戲是可以把它搞得相當生動有趣的。』第二天，齊如山先生已經草草打出一個很簡單的提綱。由李先生負責編寫劇本，大家再細細地把它斟酌修改，戲名決定就用《嫦娥奔月》。這樣忙了幾天，居然把這劇本算是寫好了。」這齣以歌舞為主的神話劇，使梅氏一舉成名。

梅蘭芳與摯友李釋戡、黃秋岳、趙叔雍、梅蘭芳、齊如山、羅復堪的合影

1923 年，李釋戡又根據《洛神賦》，編演了《洛神》新劇。梅蘭芳幽怨而倩麗的音調，沉靜而又曼妙的身段，真是儀態萬千；而李釋戡說姜妙香的曹植，「能夠瞭解《洛神賦》的精義，以施之於音聲、身段之中，誠為難能可貴」。

1932 年春，日軍逼近山海關，梅蘭芳從北平遷居上海，擬編一齣有抗敵意義的新戲以激勵民心，李釋戡邀集了朋友，一起為他編了《抗金兵》。這是李釋戡同梅蘭芳在劇本創作上最後一次的合作。書法家方地山有《李將軍詩》讚揚李釋戡：「李氏傳奇字字香，將軍辛苦為花忙。何當下筆開生面，別譜新聲配梅郎。」這是李釋戡一生輔佐梅蘭芳的最佳寫照。

抗戰期間，李釋戡應鄭孝胥之召赴偽滿新京敘舊，雖說並未任職，但大節有虧，險些落水。後來，他當了汪精衛政權下的鑄造局局長。抗戰勝利後，被政府追究，家中財產悉數充公，一時衣食無著。梅蘭芳重返上海後，自己生活雖然困難，但仍負責照顧這位老朋友，每月供奉食宿，直到 1961 年李釋戡病逝為止。

張嘯林

張嘯林（1877～1940），原名小林，乳名阿虎，後更名為寅，以嘯林為號。原籍浙江慈谿。青年時與其兄進杭州機房學習織造紡綢，後考入杭州武備學校，拜杭州府衙門領班探目李休堂為師。1912 年，與上海英租界白相人季雲卿相識，二人訂為莫逆之交。隨後，張即隨他一同來到上海闖蕩。先在廣東路、福州路一帶設立茶會，拜青幫「大」字輩樊瑾丞為「老頭子」，藉以廣收門徒，擴充勢力，成為一方頭目，以護衛「毒、賭、娼」起家。

《連環套》張嘯林飾竇爾墩

1920 年，他與黃金榮、杜月笙三人依靠幫會勢力，將非法手段得來的巨額錢財投資於銀行和工商企業，將黑金洗白，成為上海顯赫一時的「聞人」大亨。1932 年，經杜月笙推薦，張嘯林還當上了上海華商紗布交易所的監事。

張嘯林喜好京劇，工花臉，好票戲，因為有錢有勢名氣大，有一定的號召力，也算是一位大「名票」。在一些大型的義演中，他多次與杜月笙合作，演出《黃鶴樓》、《連環套》等戲。論藝術，張嘯林比杜月笙還略勝一籌，張嘯林學的是「架子花」，專飾張飛、竇爾墩一路角色，他的教師是金少山。金少山還真手把手地教了他一齣《鞭打督郵》中的張飛，張嘯林一直視為自己的得意傑作。

據說，張嘯林為人很吝嗇，但對金少山特別例外，不但供給他抽大煙，而且在經濟上有求必應。金少山是個出名的「無底洞」，鈔票一到手就很快花光。有時，臨上場戲衣還在當鋪裏，都是張嘯林替他贖當。

張嘯林登臺演戲，最大的毛病是常常忘詞。金少山替他想出個辦法。每當張嘯林演竇爾墩時，就把臺詞寫在竇爾墩手裏拿的大扇子上。可是，逢到張嘯林演張飛戲的時候，因為張飛拿扇子的時候很少。苗勝春替他出了個主意，叫金少山充當跟包，拿著一把小茶壺在場上提詞。後來，這一招被觀眾識破，引得臺上臺下哄堂大笑。

抗日戰爭爆發後，上海淪陷，杜月笙去香港避難，黃金榮假裝年老多病，不問外事。唯獨張嘯林欲藉此機會獨霸上海，遂與日偽勾結，組織了「新亞和平促進會」。並且暗中策劃，準備建立偽浙江省政府，自己去當偽省長。在國難當頭之際，這種漢奸行徑實在令人髮指。1940 年 8 月 14 日，他被國民黨軍統戴笠領導下的「地下鋤奸隊」，將其在寓中刺殺，以懲效尤。

袁履登

袁履登(1879～1954)，原名袁賢安，後改名禮敦，字履登，浙江寧波人。清光緒二十六年(1900)，畢業於上海聖約翰大學。辛亥革命後，被聘任漢粵川鐵路督辦公署譯員。半年後，來到上海任商務印書館經理室襄理。民國 6 年，兩次東渡日本考察工商業，歸來組織申商俱樂部，自己出任會長。其後，勢力逐漸強大，地位步步高升，相繼出任上海寧紹輪船公司總經理，兼任上海國民銀行、恒安輪船公司和遠東體育場的董事。同年，還當選上海總商會會董，曾是上海灘上的一位呼風喚雨的人物。

袁履登

袁履登一生嗜戲，他的業餘時間全都用在看戲、評戲、票戲的熱情之中。自己設立了一處公寓，名為「臥雪樓」，實際上是一個京劇票房。時常邀集商界票友們集會，清唱彩排，研習京劇。且出資聘請教師和專職樂隊，為票友們服務。袁履登本人工老生，對「譚派」獨有心得。

袁履登素喜公益活動，每遇旱災水患，常牽頭號召各界有錢出錢，有力出力，救助平民，無私奉獻。因為他與伶、票兩界廝熟，多次組織大型義演，藉以集資籌款，賑濟災區。在這類演出中，他自己也粉墨登場，帶頭捐款捐物，在當時頗有聲望。他與聞蘭亭、懷康侯三人，以從事慈善事業，被譽稱「上海三老」。

抗日戰爭時期，他出任上海難民救濟協會秘書長，大華銀行總經理，的確做過不少好事。奈何，他在政治上失足落水，在 1942 年，出任了汪偽上海市商會理事長和偽「米糧統制委員會」籌委會主委，為偽政權操持供給，成了一名「漢奸」人物。抗戰勝利後，被國民政府判了七年徒刑。因病重保外執行，就此離滬去了香港，從此隱姓埋名，做了寓公。他於 1954 年返回大陸，最終因病死於上海。

袁履登為人熱情守舊，自奉甚儉，家教亦甚嚴。三十年代，他的身價雖高，但始終住在貝勒路文安里的一棟舊式石庫門房子內。近年出版的《百年上海灘》一書說：「袁有二事鮮為人知。一是平生不好色。他從年輕時代起，即遵基督教諭，嚴格律己；二是戒尺不離身。弟子中凡有行為不端者，當即拿來，不論年長年幼，必以戒尺撻其臀部，令其保證不再犯。」

馮耿光

馮耿光（1882～1966），字幼偉（幼微），排行第六，人稱馮六爺，廣東中山人。日本陸軍士官學校步兵科第二期畢業生，與蔡鍔、蔣百里、唐在禮等為前後期同學，並與孫中山結識。歸國後，歷任北洋陸軍第二鎮管帶、協臺，廣東武備學堂教習，陸軍混成協標統，澧州鎮守使等職。1911 年，任清政府軍諮府第二廳廳長兼第四廳廳長。武昌起義後，被清政府派為參加南北議和的北方分代表。中華民國建立後，就任總統府顧問兼臨城礦務局監辦，參謀本部高級參議，領陸軍少將銜。

1918 年，他出任中國銀行總裁。解放以後，任中國銀行與公私合營銀行董事。第一屆全國政協委員。在肅反運動中，他因歷史問題被解職，由街道監督改造。文革期間，驚恐而死。

馮耿光在任袁世凱總統府顧問兼臨城礦務局監辦期間，嗜愛京劇，從政之餘，嘗以觀劇捧角為樂。並且常在府中邀集同好，檀板琴歌，粉墨作場，是一位有名的京劇票友。

馮耿光同梅蘭芳的關係很深，在光緒末年，他就同梅蘭芳的伯父梅雨田有所交往。梅蘭芳初露頭角時，京師大學譯學館的學生們都是梅蘭芳的基本觀眾，如張庾樓、張孟嘉、沈耕梅、陶益生、言簡齋等；還有許多從日本留學歸來的任職者，如馮耿光、許伯明、李釋戡、舒石父、吳震修等，都是捧梅專家。

馮耿光（左）與梅蘭芳（右）

馮耿光為人正直，有愛國心，他結交梅蘭芳固然是出於對京劇的愛好和對人才的愛惜，但更為重要的原因是，他看出梅蘭芳有著不同於一般梨園行出身的氣質，才傾力扶助，使其成為一個在藝術史上可以躋身於世界名人之列的人。正因為如此，馮、梅在上世紀之初訂交，在歷史巨變中，長期保持著患難與共、生死可託的友誼。

據說，梅蘭芳少年時在「雲和堂」的合約，就是馮出錢為之解約贖身，並且協助安排他的生活和學習。當時市面上描寫梅蘭芳在「雲和堂」期間的小傳，全部為馮耿光買了下來，焚化銷毀。1917 年穆辰公撰的《伶史》寫道：「諸名流以其為巧玲孫，特垂青焉，幼薇尤重蘭芳。為營住宅，卜居於蘆草園。幼薇性固豪，揮金如土。蘭芳以初起，凡百設施，皆賴以維持。而幼薇亦以其貧，資其所用，略無吝。以故蘭芳益德之。嘗曰：『他人愛我，而不知我，知我者，其馮侯乎？』」

每次梅蘭芳演出，池座中總空著一排位子，到梅蘭芳快要上場，這排位子逐漸坐滿了。座中人皆是以馮耿光為首的「梅黨」朋友。每次演出結束，這些老朋友又跟著梅蘭芳一道回家，一面吃著宵夜，一面討論當晚舞臺上的得失。

鄧賓善在《梅蘭芳與馮耿光》一文中寫道：「梅蘭芳先生一生事業成功的一個很重要的因素，是他結交了一批朋友。特別是在為藝術奮鬥的征途上，他得遇齊如山、王瑤卿和馮耿光三位伯樂：劇目上離不開齊如山先生；藝術表演上離不開王瑤卿先生；經濟上離不開馮耿光先生。三人中，數馮耿光對梅蘭芳一生的事業影響最大。

1919 年，梅蘭芳首次訪日需要錢；1930 年，梅蘭芳率團遠渡重洋赴美演出，需要錢；1934 年，梅蘭芳率團訪蘇，需要錢；這些錢，均由馮耿光負責籌劃。他為了支持梅蘭芳，不僅為之做銀行的經濟擔保，甚至還賣掉了老家的全部田地和祖產。

「九・一八」事變後，北平危在旦夕，梅蘭芳舉家南遷，依傍在上海的老友馮耿光的鄰左。「八・一三」事變，上海失守，梅蘭芳遠走香港，也是由馮耿光到港預為布置。梅蘭芳蓄鬚明志，戲不唱了，古玩、家當賣光了，銀行透支，難以為繼，經濟上全靠馮耿光等一批老友支持。

梅蘭芳和馮耿光的友誼一直保持到他們的晚年。1949 年，梅蘭芳北上參加全國文代會，馮耿光勸梅蘭芳著書立說，以便為後人留下點資料。《舞臺生活四十年》一書，就是在此建議下搞起來的。1959 年，梅蘭芳最後一齣新戲《穆桂英掛帥》，從選題到彩排，是馮耿光從上海趕到北京，以梅蘭芳的私人朋友身份參與決策的。但是，他從來不拋頭露面。該劇在北京吉祥戲院彩排時，馮耿光已是將近八十的老翁，仍場場必到。每當導演鄭亦秋向梅蘭芳徵求意見時，梅蘭芳總是對鄭亦秋說：「先聽聽馮六爺有何高見。」

梅蘭芳逝世後，梅夫人福芝芳仍遵夫願，按期給馮寄錢。「文化大革命」中，馮耿光受「四人幫」迫害，於 1966 年病逝。他夫人的生計仍由梅家照料，直至去世，其後事也由梅家料理。

梅蘭芳在《舞臺生活四十年》一書中說：「我跟馮先生認識得最早，在我 14 歲那年，就遇見了他。他是一個熱誠爽朗的人，尤其對我的幫助，是盡了他最大努力的。他不斷地教育我、督促我、鼓勵我、支持我，直到今天還是這樣，可以說是四十餘年如一日的。所以在我一生的事業當中，受他的影響很大，得他的幫助也最多。這大概是認識我的朋友，大家都知道的。」

王曉籟

王曉籟小照

王曉籟（1887～1967），名孝賚，別號得天，後改號曉來，浙江嵊縣普義鄉人。出身富戶。幼年參加縣童試，名列前茅。1907 年參加了光復會。秋瑾案發時，他避滬經商，在岳父樓映齋開設的通惠公紗廠駐上海辦事處當賬房經理，開始了商事活動。

1910 年，他與王琳彥等創辦閘北商團，開辦閘北商場和閘北工程局。以後又獨資及合夥開設大來、天來、泰來和春來等繅絲廠，先後擔任上海商業銀行、中央信託公司董事。

辛亥革命光復上海時，閘北商團參加攻佔北火車站的戰鬥。他與陳其美、蔣介石等人常有往來。二次革命時，他曾組織討袁軍，助餉支持，深受國民政府重視。勝利後，累任上海市商會主席委員、全國商會聯合會理事長、國營招商局理事等職。

王曉籟也是個戲迷票友，自號得天居士，專工銅錘花臉，擅演銚期、司馬懿一類角色。他學戲的歷史很長，曾從師郝壽臣，得過真傳實授。而且他扮相魁梧，嗓音宏亮。雖然帶有紹興口音，但一響遮百醜，聽起來真有幾分韻味。他經常票演《草橋關》、《上天台》、《二進宮》這三齣戲。後來又學了一齣討口彩的戲《八百八年》，遇有喜慶堂會，就把這齣戲亮出來。

在抗戰期間，王曉籟表現出強烈的愛國情愫，出任中央賑濟委員會常委，國民參政員兼國民黨紅十字總會救護總隊特別黨部政治部主任。因堅決主張抗日，幾次險遭漢奸傅筱庵的暗殺。

解放後，他受到毛澤東、周恩來的接見，被指派為中國人民銀行總行代表，列席各部召開的有關會議。

慧海和尚

慧海和尚（188？～不詳），其名不詳，籍貫出身無考。據江上行說，他少年失怙，父母雙亡，無奈出家當了和尚。民國初年來到上海，初為烏目山僧的徒弟，住在愛儷園。後來被哈同的管家姬覺彌排擠，在南市福田庵為知客僧。慧海雖是和尚，卻善修飾，用香雲紗做禪衣，薰香剃面，善解人情，為燒香婦女所喜愛。不久，因春光外泄，被方丈逐出。旋得善男信女資助，開始在閘北自營「淨土庵」。

傳說他是幫會中人，與孫傳芳有往來，因為有這種背景，他可以違背寺規、食酒肉、玩弄女性，被人稱為「花和尚」。他平時公開呼朋引類、挾妓冶遊。庵中來人，上自大亨名士，下及三教九流，座客常滿，身列上海「聞人」。

慧海是個戲迷，愛好皮簧，嘗從陳彥衡問道，與梨園中人亦頗多交往。但慧海從不登臺，而在戲上肯化錢，名伶苗勝春曾長期住在淨土庵樓上教戲，由慧海提供膳宿。抗戰勝利後，慧海在淨土庵辦了個「和鳴社」票房，是上海有史以來人才最多、最熱鬧、最有特色的票房組織，別看這位「花和尚」，他對弘揚京劇，發掘人才還真幹不少事兒。

他本身對京劇頗有研究，是個行家裏手。和鳴社由苗勝春、趙桐珊主事，經濟開支由他負擔。當時住在上海的名角，如姜妙香、俞振飛、瑞德寶，楊瑞亭、張少甫、張榮奎、芙蓉草・苗勝春、李克昌、高盛麟等人，都是「和鳴社」的基本成員，也都是他請來的藝術指導。即使社員中的票友，如蘇少冀・程君謀、魏稚青、喬志鈞、李麗、蕭澤霖、何時希、魏上吼、王玉田、徐慕雲、黃靜波、孫老乙等人，也皆為一時之選。和鳴社裏生、旦、淨、丑俱全，尤其是文武場面特別整齊，打鼓佬是李克昌和金少眺、曾心齊，胡琴是名票程志馨。當時在滬的名琴趙濟羹和楊寶忠不但隨到隨拉，而且搶著打鼓，其他的下手活也都是名手。因此「和鳴社」成了京劇之家，三、四十年代，在上海演出了許多好戲。

四十年代後期，上海有錢人紛紛逃港，淨土庵也關門大吉了。慧海和尚也就不知去向了。

吳震修

吳震修（1883～1966），名榮鬯，以字行，江蘇無錫人，幼入私塾讀書，後考取上海南洋公學，畢業後留學日本，進入陸軍士官學校。回國後，曾任北洋政府參謀本部第六局局長、中國銀行南京分行經理。

1920 年，應北京中國銀行總裁馮耿光的邀請，在行裏擔任總文書。吳震修自幼嗜好京劇，據說，在學生時代他就是位出名的票友。在其供職中國銀行期間，經馮耿光先生的介紹，認識了梅蘭芳。他和梅一見如故，也就成了「梅黨」中的重要成員。每日觀劇之後，都要聚於梅宅，站在觀眾和票友的立場上，對梅蘭芳的演出給予評論、批評。他的忠言實諫，對梅蘭芳的藝術進步給予了很大的幫助。

吳震修的文采絕佳，對梅氏新劇的編寫也做出很多貢獻。例如，齊如山編寫的《霸王別姬》，原劇允長，有三十多場，要演出兩個晚上。吳震修就毫不客氣地越俎代庖，用了兩天時間，親自動手刪繁就減，大加更改，使之變成了一個晚上的戲。

梅蘭芳的《舞臺生活四十年》中有這麼一段記述，說：《霸王別姬》「初演第二天，梅蘭芳和馮耿光、吳震修、齊如山、姚玉芙五人去楊小樓家拜訪，談話中楊小樓問起對演出的意見，吳震修說：項羽念『力拔山兮』，是《史記》上的原文，這首歌很著名，您坐在桌子裏邊念好像使不上勁，您可以在這上面打打主意。」一句提醒的話，使楊小樓茅塞頓開，第二天就改變了演法，使項羽走到臺中，慷慨悲歌，催人淚下。真可稱一語千金！至於梅蘭芳的虞姬，也是倚仗著吳震修掰開揉碎的細講，才把這一人物刻畫得絲絲入扣。

蔣介石曾任命吳震修為上海市政府秘書長，還短期代理過上海市市長。抗戰之始，因為他曾留學日本，被視為親日派，住宅四周被貼上反日標語，受到警告。吳不堪其擾，攜家避居弟弟家中。彼時，他的愛子病故、妻子精神失常，再加上南京大屠殺，吳震修在壓力和鬱悶中開始信佛，從此閉門謝客，從不外出。

梅蘭芳常致函慰藉，二人感情益篤。解放後，他從上海遷來北京，就住在梅蘭芳家裏。後來，也一直是梅家的常客。當他被人民政府委任中國人民保險公司總經理時，年已古稀，上任不久，他便批准離職回滬休養了。文化大革命暴起之時，他在驚恐中病逝。

杜月笙

杜月笙（1888～1951），原名月生，後由國學大師章太炎建議，改名鏞，號月笙，是近代上海青幫中最著名的人物。出生於江蘇川沙高橋南杜家宅。

杜月笙小照

杜月笙出身貧苦，十四歲在上海十六鋪鴻元盛水果行當學徒。曾拜青幫陳世昌為老頭子，發展青幫組織。其後，獲得法租界華探黃金榮的賞識，引為親信，負責非法提運業務並經營法租界公興俱樂部。由於青幫組織的迅速擴大，到了二十年代，他已自立門戶，成為「三百年幫會第一人」之稱的社會聞人。

杜月笙是在中國近代史上的一位有爭議的人物，用他自己的話說：「我的一生，早年做過不少壞事，但已知過改過，改過之後，做過很多地好事。」壞事，即販鴉片、組青幫、幫過國民黨；好事，則興義學、賑災荒、抗日本、給共產黨運醫藥等等。隨著時代的遷變，歷史學家會給他一個公正的評價。因為，本書重點記述早期京劇票友的事蹟，姑且拋開政治不談，杜月笙做為一位滬上名票，是不能不提的。

杜月笙曾這樣回憶自己的童年：「當時一個月學費只有五角錢，可惜因為家裏實在太窮了，讀到第五個月，先母繳不出學費，只好停學。」失學兒童的痛苦，讓他永生難忘。他雖是粗人出身，但很看重文化。成名後，一直在努力提高自身文化修養，門廳高懸對聯「友天下士，讀古人書」，用來鞭策自己。

杜月笙一生廣結名流，章太炎、章士釗、楊度、江一平、鄭毓秀等人，都是他的座上賓，連大教育家黃炎培也是他的好朋友。文化的薰陶，使杜月笙的氣質脫俗換骨。老報人徐鑄成回憶他年輕時第一次見到杜月笙的情景時說：

「原本以為此人是青面獠牙，見了面才知道原來是位言談舉止都很斯文的瘦削老人。」

杜月笙酷愛京劇，梅蘭芳、程硯秋、荀慧生、尚小雲、楊小樓、譚小培、周信芳、馬連良等名家，都是杜公館的貴客，每次蒞滬，必登門謁拜。

1931 年，高橋杜家祠堂落成，為了慶祝，全國京劇名伶趨之若鶩、雲聚至此。梅蘭芳是停了演出合同、從廣東掐著點趕來，程硯秋是從哈爾濱趕過來，尚小雲從天津趕過來，十多年沒有到南方的龔雲甫也來了，王又宸有病在身，但也提前一天趕到，荀慧生正好是在上海大舞臺演出，馬連良、言菊朋、高慶奎、蕭長華、姜妙香等大腕，則老早就趕到上海，等著大堂會的開鑼。他們競相登臺獻藝，連演三天，戲碼之精、角色之整齊，在京劇史上寫出華美的一頁。

第一天的大軸戲，由梅蘭芳、楊小樓、馬連良、高慶奎、龔雲甫等人聯合演出《龍鳳呈祥》。最後一天大軸戲是「四大名旦」演出的《五花洞》，另有高慶奎飾張天師、金少山飾包公。杜月笙也粉墨登場，演出了《八百八年》。送客戲是麒麟童與趙如泉合演的《慶賀黃馬褂》。同為大亨的王曉籟、袁履登和天津名票王庾生也都上臺客串。演出結束，宴請萬名賓客和鄉親，擺了 1200 多桌「流水席」，招待來賓。時人稱：如此盛會，只此一回，無論你多麼有錢有勢、也未必能看到這樣好的戲。因為，這些京劇界的臺柱子都不是為錢而來的，他們完全是來捧杜月笙的場，分文不取。凡是與會的老人們談及此次聲勢浩大的「群英會」，莫不激動地豎起大拇指，讚歎不已。

杜月笙有兩個太太都是京劇名演員，一位是姚玉蘭，另一位是大名鼎鼎的孟小冬。他在自己家中辦有「恒社」票房，定期活動、清唱、排戲。名伶金仲仁、苗勝春等時常駐社教戲。這個恒社，除了具有幫會的特徵之外，社中成員也以師門的興趣為興趣，雅嗜皮簧。杜的夫人們不是名伶、便是名票，八兒三女，也個個擅演能唱。家人親眷而外，恒社中精研皮簧，獨擅勝場的弟子多如過江之鯽。在社名伶如譚富英、馬連良、葉盛章、趙榮琛、高慶奎，名票如趙培鑫、楊畹儂、王震歐、龔劍飛、汪其俊、孫蘭亭等等，都可以演出各自的拿手好戲。時有「天下之歌、盡入斯社」之讚。

杜月笙本人會唱的戲不少，可唱好的戲並不多。因為他的浦東口音所致，念白吐字皆差強人意。在解放前，大凡上海舉辦的大型賑災義演，慈善募捐義演，杜月笙不是主任委員，便是總幹事。他擔任提調，定能排出最好的戲碼。

為了增加捐款的號召力，杜月笙常常粉墨登場，演上一兩齣。有據可考的，他一共登臺演過六齣戲，最拿手的是《天霸拜山》、《落馬湖》，他飾演黃天霸。其次，則是《完璧歸趙》、《刀劈三關》、《八蜡廟》，都是招招架架的活兒，談不上什麼好，但也都說得過去。不過，杜月笙演戲特別講究行頭，每次演出都重新製。一齣《拜山》，前後要換六次行頭。他曾自嘲的說：「人家角兒唱戲、有的靠唱工，有的靠做工。看戲的朋友不是飽了耳福，就是飽了眼福。我呢，唱不行、做也不行，只好多製兩套行頭，讓大家看看。」

他曾與梅蘭芳先生合作過一回《坐宮》，他飾楊四郎，真應了他的話，「唱不行、做也不行」，行頭再多也沒換的機會，結果很不成功。但是，觀者人山人海、臺上臺下笑成一團。

孫仰農

孫仰農（1901～1985），出身於上海著名的「壽洲孫家」。祖父孫家鼐是晚清軍機大臣，父親孫履安也是飽學之士，解放後任蘇州博物館館長。其父嗜喜京劇，又是票界名丑。他本人的文化修養極高，琴棋書畫無所不通。成年後，雖說也在銀行裏做事，並經營一家重慶銀公司，但只是掛名而已。他是個浪蕩逍遙卻又是藝有專長的「玩家」，最為傾情的是玩票唱戲。是民國初年的上海名票。

他迷於京劇，幾乎到了癲狂的程度。時人譃之為「戲迷大爺」。他把家裏的客堂改成劇場，鋪上厚厚的地毯，在上邊不是練功，就是演戲。重金請來老伶工瑞德寶教他靠把戲。後來為圖深造，去了北京，託人作閥，進入余叔岩府內，雖未正式拜師，但經常受其薰陶，領會自多。能戲有《洪羊洞》、《碰碑》、《烏盆計》等。

孫仰農為了京劇一擲千金，不惜捨家棄業，孫家三分之二的家業都是在戲裏泡掉的。孫仰農不但玩票，捧角，還組織票房，慷慨贍養老伶工。一些塌中或者落魄的老伶工，只要身懷絕技，孫仰農就出錢養著，請他們教票友唱戲。上海的名角如艾世菊等人，早年都在孫家學過戲，得到了許多將要失傳的絕學。從某個角度來說，像孫仰農這樣的有錢人家的票友，對上海京劇的推動和傳承，也是起過重要的作用。

解放前全家移居香港，除了繼續研究京劇外，還撰寫了一部名為《余叔岩》的書，保存了不少戲劇史料。孫養儂夫人胡瑛也是位名票，她曾向梅蘭芳請教過不少戲。孟小冬到港時，與孫氏夫妻私交甚篤，孫養儂先生還是孟小冬收徒的舉香人。

孫養農著「談余叔岩」之書影

胡治藩

胡治藩（1902～1966），亦名胡濟生，筆名梯維。胡治藩出身於清朝官宦之家，從小接受良好的傳統教育，在文學、書畫、戲劇方面打下深厚的根基。

1921年，畢業於東吳大學金融管理系，承繼父業，成為浙江實業銀行的掌門人，兼任上海大光明電影院總經理。同時，他還是一位知名的海派作家、劇作家和京劇名票。

1916年，十四歲的胡治藩就開始了文學創作。1926年，創辦了中國第一張橫排報紙《司的克報》，常以「梯公」、「鵜鶘」等筆名褒貶戲劇，議論時政。他一生鍾愛戲劇，是「湖社」票房的骨幹。時常粉墨登場，上演過阿英執筆的《葛嫩娘》、曹禺的話劇《雷雨》和歐陽予倩的《人面桃花》等，素有票界第一小生之譽。他交往的朋友裏不乏田漢、洪深、夏衍等左翼文人，而更多的則是市民文化領域中如周劍雲、陸潔、吳性栽、費穆、陳鷓鴣、朱端鈞、鳳昔醉等市井文化人。

胡治藩還是一位優秀的愛國的、充滿正義感的京劇編劇家。抗戰時期先後為周信芳的移風社寫過《香妃恨》和《文天祥》。一九四一年，他與著名的京劇表演藝術家金素雯結婚，時稱一對神仙伴侶。一九五九年，已經淡出文藝圈的胡治藩，還參與編寫了由周信芳和金素雯主演《海瑞上疏》，作為國慶十週年獻禮節目到全國巡迴演出。一九六四年，六十歲的胡志藩完成了劇本《興唐鑒》。但是，就是這兩齣含有針貶時弊的戲，給他和他的妻子金素雯帶來殺身之禍。

一九四一年，胡治藩與金素雯的結婚照

一九六六年七月，上海京劇院鋪天蓋地的大字報上，寫滿了對《海瑞上疏》和《興唐鑒》的批判，以及胡治藩和金素雯的「反黨罪行」。隨著姚文元父親姚蓬子給予的提示，胡治藩受到了工商界和文藝界的集中批鬥。從文鬥發展成武鬥，甚至把他從大光明電影院的樓梯欄杆上，頭朝下倒掛起來，逼他承認反黨反共反毛，胡治藩只是沉默不語。面對這是非顛倒的世界，「士可殺、不可辱」的人生信條使他們毅然選擇了以死抗爭的道路。七月三日晚上，胡治藩與金素雯穿上了當年在舞臺上所穿的戲劇服裝，重新演唱了他們共同演出過的《人面桃花》。在天亮時分，手挽手、面對面，一同告別了他們熱愛的世界。成為「文革」徇道的第一人。時人讚其「只有堅持追求的人，才能活得如此精彩，死得如此壯觀和美麗。」

榮梅莘

榮梅莘

榮梅莘(1914～200？)，原籍無錫市榮巷人，上海著名實業家。其父為上海顏料商中名流，於清朝光緒二十六年起，先後在無錫、上海、漢口等地開設保興、福新、茂新麵粉廠和振新、申新紡織廠。

榮梅莘出生於上海，自幼受到良好的中西教育，自清心中學畢業後，子承父業，成為巨商大賈。顛峰時期，開有麵粉廠 12 個，紗廠 9 個，係榮氏家族中的佼佼者。

榮梅莘也是位資深老票友。他在二十歲的時候，就開始登臺票戲了。由名教師產保福開蒙，梅莘虛心好學，以研究譚派戲為基礎，到處尋師訪友來豐富自己。他曾從北方的莫敬一學《珠簾寨》、鮑吉祥學《失空斬》、《文昭關》，向安舒元學《四郎探母》、《慶頂珠》。後又問藝於南方的名家，從蘇少卿學《洪平洞》、《桑園寄予》、向羅亮生學《轅門斬子》、林樹森學《華容道》。博採眾家之長，因而腹笥淵博，能戲頗多。

1946 年，他與新選出來的「上海小姐」謝家驊結婚，而獲得「上海姑爺」的稱號。謝家驊也是個很有造詣的「名閨」票友，成婚之後，二人以票演《遊龍戲鳳》而轟動上海。

彼時，榮梅莘在上海滬創立了「太湖俱樂部」票房，自任社長，會員多達三百餘人。票房內設戲臺，排練廳，可容觀眾五百人，榮梅莘自己訂製行頭四十餘套，四蟒、四靠均係真金絲織，守舊、地毯、桌椅帔，皆用紫灰兩色蘇繡，「太湖」成為當時上海票房之冠。每有盛大義務，榮梅莘均被邀登臺演出。他曾與黃桂秋合演《武家坡》、《御碑亭》。有一次他在黃金大戲院義演《失空斬》，由程少余演馬謖、張哲生演司馬懿、李寶槐演王平、武正豪演趙雲、黃正勤演馬岱。榮梅莘的諸葛亮扮相儒雅瀟灑、做表動人，雖嗓音欠寬亮，但韻味醇厚、字正腔圓，念白頓挫有致、感情豐富，堪稱妙品。

五十年代初，榮梅莘離開大陸到了香港，創辦了滬社票房，向陳鴻宣又學了二十多齣余派戲。其間，曾與旅港老票友王玉韋一起研究整理陳彥衡的《譚劇宮譜》，對每齣戲注有工尺及鑼鼓經，使他對音韻四聲有了更深的瞭解。此後，榮梅莘在臺上演出更加聲容並茂，劇藝更上層樓。

榮梅莘在港時，曾與章遏雲合演《遊龍戲鳳》，與金素琴合演《四郎探母》，轟動一時。七十年代初，榮梅莘移居美國，公餘之暇，仍不能忘情京劇，時常彩排演出。最值得紀念的一次是中國外交耆宿顧維鈞九十大慶時，他主演了全部《四郎探母》。在滬社慶祝成立二十週年時，他與陳永玲合演《武家坡》。二人不用對戲臺上見，駕輕就熟，演得嚴謹滴水不透，好評如雲。

海外名票

錢培榮

錢培榮（1903～2005），香港名票。1903年出生於上海商賈之家，青年時期加入「恒社」，是杜月笙的弟子。因素喜京劇，自14歲起即正式延請名師，研習老生。先學「譚派」，後學「余派」，時常登臺獻藝，已頗有好評。他在二十年代，出資與張古愚先生一起辦《戲劇旬刊》，擔任主編，寫出許多劇評。後因政治問題，飽受牢獄之災。

孟小冬（左）與弟子錢培榮（右）

四十年代，赴香港、日本經商。然而不忘舊誼和京劇，常到香港的杜月笙府上拜謁，並向孟小冬學習「余派」藝術。1952年，正式拜孟小冬為師。天天下班後即到孟府學戲，由王瑞芝操琴伴奏。他自己的研習十分刻苦，每晚自六時起，往往要到深夜為止。每段聲腔至少要唱數百次，必須將聲腔內的抑揚頓挫、徐疾勁頭，收放適宜以後，再大聲演唱百次，以達盡善盡美為止。

如此天天學習，天天弔嗓，歷經十年之久。五十年代中葉，他為醫院募款事，演義務戲《武家坡》。孟小冬親自為其排戲一月有餘，每一唱腔、每一身段，都細摳細磨，直到無可挑剔為止。

孟小冬於 1967 年遷居臺北後，錢培榮每年均由日本赴臺，前往孟府拜謁並繼續學習深造，直至孟小冬去世為止。前後共學了《御碑亭》、《二進宮》、《戰太平》、《失空斬》、《捉放宿店》、《烏盆計》、《搜孤教孤》、《定軍山》》·《武家坡》、《珠簾寨》、《罵曹》、《洪羊洞》等十餘齣戲。孟小冬為錢培榮說戲非常嚴格，全部採用當年余叔岩先生的教授法。故而，獨得真傳，獲其精微。

孟小冬逝後，錢培榮曾為其編了一套《孟小冬唱腔及與錢培榮說戲錄音集粹》錄音製品，他在前言中說：「孟師生前錄音均在交際場中所錄，此等錄音，我認為不能代表孟師的藝術。孟師生前弔嗓錄音，大部分由我所錄，當時不過是隨便弔唱的，絕不願流傳出外。孟師逝世後，各界要求將孟師遺音供之於世。因此，不得已只能從遺音中挑選比較好的提供流傳。」

錢培榮在耄耋之年，依然為傳播京劇藝術而不辭辛勞，他收了不少海外弟子外，還收了兩個大陸學生：一個是北京的李岩，一個是上海的李軍。可惜離得遠，教戲主要依靠錄音機了。

鄒葦澄

鄒葦澄（191？～1990），自署寒山樓主，係旅美華人名票，京劇史學家。

鄒葦澄原藉北京，出身詩書世家，自幼博覽群書，腹笥豐盈，琴棋書畫無所不能，尤喜京劇，工老生，獨擅譚派。在北京讀大學期間，得到名票莫敬一指導，崑曲則得到溥西園、王頌臣的親炙。技藝日精，能戲頗多。

抗戰期間，進入軍界，任宣傳處處長，公務餘暇，潛心研究書法、繪畫，亦常在票房串戲為娛。且筆耕不綴，在《大成》和《明報》上闢有專欄，撰寫劇評和京劇佚事、典故，享有盛名。在臺期間，經常粉墨登場，除了演出老生戲，如《機房訓》、《群英會》、《失空斬》、《捉放曹》等，還演了不少楊派武生戲，如《鎮潭州》之趙雲，《單刀赴會》之關公、《嫁妹》之鍾馗、《鐵籠山》之姜維、《豔陽樓》之高登等均很精緻。有時，還能反串旦角，演過《能仁寺》之十三妹、《醉酒》之楊玉環。此外，他還演過不少崑曲戲，如《販馬記》之李奇、《驚夢》之柳夢梅。可算是一位文武崑亂不擋、各種行當都能來的通材演員。

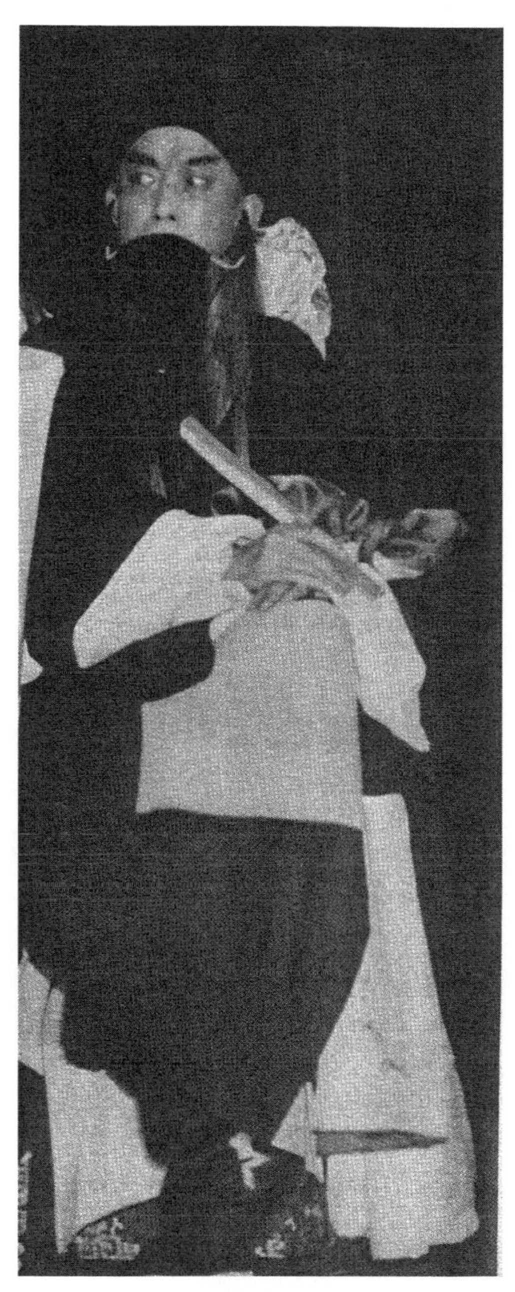
《烏龍院》鄒葦澄飾宋江

後來，工作上因與同人不和，遂移民美國，做了寓公。1975 年，葦澄先生在紐約成立了「寒山藝苑」票房，在其親自指導下，培養了一撥武打演員和全套的文武場面，排練文戲之外，還能排演一些武戲，這一點在國外實屬難得。1976 年，應紐約哥倫比亞大學中國學會之邀，拍攝了一套《寒山樓主京劇演出實況》的彩色影片，長達四個小時，分為上下兩集，計有如下劇目角色：《醉酒》之楊玉環、《十三妹》之何玉鳳、《梳妝擲戟》之呂布、《賜福》之天官、《南陽關》之伍雲召、《收威》之李克用、《戰太平》之花雲、《別母亂箭》之周遇吉、《單刀會》之關羽、《鐵籠山》之姜維、《盜馬》之竇爾墩、《嫁妹》之鍾馗、《瓊林宴》之樵夫、《掃秦》之瘋僧等，一共十四齣戲、十四個人物的精彩片段。

八十年代，趙榮琛到美國講學時，二人合作演出了《武家坡》十分精彩。鄒葦澄晚年篤信佛事，好善樂施，常以繪畫作品義賣，資助各項公益事業。

鄒葦澄最大的心願是想在大陸辦一次畫展，可是因為自己的身份原因，到北京觀光時也不敢多說話，終日戰戰兢兢。最後，還是在政協和統戰部門的幫助下如願以償，在中國美術館舉辦了個人畫展，還在天津舉辦了一期《美籍華人鄒葦澄戲劇資料收藏展》。鄒葦澄一生著述頗豐，近著有《戲墨、戲品、戲談》一書出版，是一部戲劇研究的重要史料。

曾世駿

曾世駿小照

曾世駿（1912～1993），北京人，出身殷實之家。1930年，在北平師大附中讀書，上學期間酷愛京劇，尤其對程派藝術更是「愛之彌深、迷之若狂」。

1932年，曾世駿與趙榮琛等戲友，在學校的學生會文化部下面組織了一個國劇社，得到了校領導及部分老師的支持。各年級愛好京劇的學長師弟紛紛入社。他與趙榮琛等發起者便成了國劇社的核心人物。出於同好，還結為了異姓兄弟。曾世駿是個多面手，既拉得一手連行家都非常佩服的好胡琴，還精通鑼鼓經。

他們集資為國劇社購買了全堂的音響樂器，為了使國劇社正規化，大家每月公攤12元法幣作為報酬，請來專業演員做教師，指導大家排戲。每週六的下午，國劇社響排。不但排演一些唱腔選段，而且還要排兩、三齣整戲，如《坐宮》、《汾河灣》、《二進宮》等。由曾世駿司鼓，大家敲鑼拉琴，熱鬧非凡。

國劇社第一次登臺彩唱，是在校慶上演出《武家坡》。曾世駿拉京胡，趙榮琛拉二胡，從此正式走上琴票之路。後來，在朋友的介紹下，又得到程硯秋先生的琴師穆鐵芬、周昌華、鍾士章等人的指點。

大學畢業後，雖另有專工，但迷戀京劇藝術的癡情並未改變，依舊日日操琴，為各大票房服務。曾世駿定居香港時，工作暇餘，傳播京劇藝術竭盡全部心智。他曾為程派名票高華等名家弔嗓伴奏，並留有《梅妃》、《罵殿》、《馬昭儀》錄音等傳世。

1984年，趙榮琛赴美國講學，在紐約與寒山樓主一起示範演出《武家坡》，曾世駿先生專門從香港飛過去為其操琴。紅氍毹上故友重逢，好不快活。正是：「昔日琴歌好友、今朝海外和鳴」，迄今傳為藝壇佳話。

章英明

章英明（1912～2011），原籍江蘇常州，1912 年出生在上海，就讀於澄衷學堂。學生時期愛好京劇，曾閥藝於名教師關鴻賓和鬚生名家李白水。青年時期加入青年會票房，常與「票界小翠花」戎伯銘合作，不時應邀在滬寧路一帶演出。除票戲外，還隨名琴師王增祿學習胡琴。

三十年代，上海票房林立，票友極多，王增祿的京胡和章英明的二胡合作默契、紅極一時。彼時有一位著名的舞女「北平李麗」，常開著一輛紅色道奇車來票房清唱，章英明為她操琴。一來二去，彼此產生了感情，就結為了夫婦。但是不久，二人又因感情不和而離異。

章英明主持下的東京票房

章英明獨自一人到了日本，隨身只帶了一把京胡、鼓板和幾根鼓楗子。他在東京不久，就遇到幾位上海去的票友和一些愛好京劇的華僑。他那精湛的琴藝受到票友們的熱烈歡迎。有了梧桐樹，便召來金鳳凰，於是，眾人合計就組織了一個「旅日華僑國劇研究社」。後來，此社易名為「東京票房」。

彼時「東京票房」的支持者是盛毓郵、盛毓度昆仲，他們是清末官僚資本家盛宣懷的後裔。他倆在上海就是出色的票友。毓郵少時曾問藝於陳彥衡，唱譚派老生；毓度則請教過名票錢培榮，唱余派老生。此外，還有兩位票友，一個是以演麒派戲聞名海外的袁仁觀，另一位是當年北京戲校「四塊玉」之一的李玉芝。他們不僅是「東京票房」的臺柱，而且為京劇在日本的傳播做出了很大貢獻。

「東京票房」在章英明的組織下，從五十年代初，一直活躍在日本的土地上。不但演出了很多京劇傳統戲，還團結了不少日本的京劇愛好者，他們之中有教師、職員和知識分子，有男性也有女性，有的人在中國留過學。但是，其中大多人並不懂得華語，但對京劇十分熱衷。

日本人自己也曾組成過「中國京劇研究會」。該會在「東京票房」的協助下，也演出過許多中國戲，如《秋江》、《女起解》、《三岔口》等。為了適應日本觀眾，他們把念白譯成日語，唱腔則原封不動。每有演出，也十分轟動，這些中國戲劇故事感動了不少日本觀眾。

王振祖

王振祖（1913～1980），字嘯雲，藝名嘯雲館主。河南開封人，少時寄居北平，乃父王子庚係河南布匹殷商。他自幼喜好國劇，十七歲就讀於北平國民大學預科學習法律。由於出身是富有子弟，課餘或假日常呼朋邀友吃館子、玩橋牌；更常到票房學戲，玩票。同時，也結交了不少名伶名票。經人推介，他拜了王瑤卿為師，還特聘王蕙芳先生授藝。首次登臺義演《宇宙鋒》，便一鳴驚人。後來，他又協助友好創辦了「山東劇院」票房，自己亦常登臺票戲。

王振祖（右一）及其家人

彼時，大江南北票界同好大多醉心梅派戲路。許多票界名流曾根據戲路、戲齡、唱表等條件，選出了梅派名票四人，其中就有王振祖，大家都稱他為「山東梅蘭芳」。

1948年，他曾隨陣容堅強的中國劇團來臺灣演出。演出後，王振祖就滯留臺灣定居了。1956年，王振祖創辦了復興劇校，培養戲劇人材。不久，該校改為國立，他擔任校長23年，對臺灣的京劇事業貢獻輝煌。

《臺灣名人百科》稱，王振祖是臺灣戲劇教育的第一功臣，也是一位情操旺盛的藝術家。他以振興京劇事業為己任，認真從事戲劇教學。他將學員的名子依「復興中華傳統文化，發揚民族倫理道德」十六個為學輩。先後訓練出不少名角。其中有不少學員進入了影視圈，如張復健、劉嘉凌、仇統政等。還有不少同學，如葉復潤，吳興國，朱傳敏等，都成了臺灣京劇的棟樑。他的兩個女兒，復蓉、復琰都承繼了王振祖的衣缽，參加京劇行列，並且有所作為。

不幸的是小女兒在文化學院深造時，搭便車回家，遭遇車禍喪身。不久妻子病故，兒子又經商失敗。新婚夫人為兒女所不滿，校務財務更是困擾重重。在這種悲憤困苦的心情下，王振祖於1980年在辦公室內自縊身亡。一代名票就這樣去了，令人為之扼腕。

夏蕭儀靜

夏蕭儀靜（1914～200？），女，美籍華人名票。原籍北京，三十年代初在北京師大附中讀高中。在校期間，參加師生京劇票房，與趙榮琛、楊蓮生等同學稔熟，曾同臺票戲。工青衣，是個「程派」迷。

她在四十年代移居美國，工作之餘，精研程派藝術矢志不綴，是紐約華人票房中德高望重的前輩。她不顧自己身體不好，不僅全力支持票房活動，還認真盡力地培養後學，使博大精深的程派藝術在境外不斷傳揚。1984年，趙榮琛赴美講學，舊友重逢，不勝今昔。在國外華人的熱切要求下，趙榮琛與寒山樓主鄒葦澄一起示範演出了《武家坡》，夏蕭儀靜則與趙榮琛分演了前後《碧玉簪》，香港名琴曾世駿先生專門飛到紐約為之操琴，全臺戲演得嚴絲合縫、珠聯璧合，精彩之至。

近年來，紐約美華藝術協會每年還在林肯中心舉辦戶外藝術節活動，邀請中國名演員來美交流，把中國京劇傳統藝術文化推向美國主流社會，取得一定成效。趙榮琛在《翰林之後寄梨園》書中寫道：「我在美國有兩次歡聚值得一記。其中一個是我們在師大附中義結金蘭的六兄弟中的大哥楊聯陞、三哥曾世駿和六弟的我，再加上崔興亞、蕭儀靜等師大附中昔日同窗們，一起歡聚，暢談當年往事，快慰之極。」楊蓮生先生有詩追憶他們學生時代的票戲生涯：

長憶梨園最盛年，名師高弟過三千。
譚余言馬生行骨，梅尚程荀旦角全。
動亂滄桑失雅樂，升平時化樂鈞天。
竇娥一新傳新韻，老友欣呈祝賀篇。

楊聯陞

楊聯陞（1914～1997），字蓮生。美國哈佛大學教授，中央研究院研究員，旅美名票。楊聯陞生於河北保定，三十年代初，在北京師大附中讀高中，畢業後，入清華大學讀經濟。因自幼喜愛京劇，在學生時代一直活躍在學校的師生票社裏。劉曾復曾在《中國京劇》雜誌上寫文提到：「記得當年我在清華大學上學的時候，有位研究言派藝術的同學叫楊連生，能唱 40 多齣言派戲。」

趙榮琛著的《翰林之後寄梨園》中寫道：「在國劇研習社中，我結識了許多高中同學。由於愛好一致，義氣相投，我與其中五位換帖結拜成金蘭兄弟。大哥楊蓮生（後改聯陞）唱言派老生，清華大學中文系（應是經濟系）畢業後留學美國，任哈佛大學終身教授。二哥張憲昌，梅派青衣，嗓音甜亮，唱得有味，我給他伴奏過《宇宙鋒》，法政大學畢業後當律師，今在北京。三哥曾世駿，喜程派，專攻胡琴，畢業於北京大學工學院，後久居香港，為海外聞名琴票，1993 年病故。四哥周昫（字萬明），馬派老生，對程派亦頗有研究，南開大學經濟系畢業，在天津銀行界工作，近仍健在卻雙目失明。五哥彭國慶，余派老生，清華大學地質系畢業，定居瑞士，任大學教授，已故，我最小是六弟。」

「大哥楊蓮生住東城遂安伯胡同，離我家很近，常有往來，他唱我拉。假如大家在東城相聚，則多在他家，大家輪流唱，操琴是曾世駿和我」。「那時我們也曾登臺彩唱。頭一次是師範大學校慶時代表附中同學會演出祝賀。戲碼是《武家坡》，王寶釧是張憲昌一人到底，薛平貴卻有兩個：開場是楊蓮生，跑坡以後是周萬明，前半場的胡琴是曾世駿，我的二胡；後半場我的胡琴，曾三哥的二胡。這齣戲中，六兄弟上了五個，另一位在後臺忙活。」

趙榮琛兩次訪美，與一別40餘年的楊聯陞先生相會，二人又說又笑、又吃又喝、又拉又唱，好不快活，不盡興不歸！楊先生有詩云：

卅年告別閱沉浮，門巷宣南記幾秋。

綠鬢絃歌猶入夢，白頭哀樂已難收。

也希物換開新運，且惜身衰忘杞憂。

明月鄉心同異處，聞樂不說此生休。

1940年，楊先生作為胡適的第一弟子赴美國留學，後任教於哈佛大學。多年的海外生活，依然不忘京劇，每次去臺灣、香港、大陸講學，都是他票戲的好機會。大唱特唱，過足了戲癮，每次都有把弟曾士俊操琴，錄有許多磁帶。如《四郎探母》、《捉放曹》、《法場換子》、《定軍山》、《將相和》、《武家坡》、《青風亭》、《南陽關》和《朱砂痣》等。在香港、臺灣，他獲得「業餘京戲名家」的稱譽。

毛家華

毛家華（1915～199？），臺灣著名麒派票友。福州市人，出生於上海，他是曾任閩江口要塞司令的毛鎮才將軍的獨生子。小時就歡喜看戲。八、九歲就能上弦弔嗓，老生唱得有滋有味。十二歲已是十足的戲迷，關於伶人軼事，戲碼、演出活動，說起來頭頭是道，如數家珍。看戲時，喜歡跑到後臺去看名角化裝和行頭穿戴，同時瞭解後臺實狀和演員們對戲，司鼓和琴師說腔，乃至前後臺許多小道消息、內幕等等。

後來，他連鑼鼓經也念得上口。十八歲參加了任職國府主計長陳其采主辦「湖社」票房，結識了馬連良、章耀泉、包氏三蝶等許多人，演技大增。他曾參加陳調元太夫人壽誕的盛大堂會，與俞振飛合演《群英會》，與包幼蝶一起合演《汾河灣》。在一次香港的賑災義演中，他與馬連良、楊寶森、張君秋等南北名角，同臺演出《八蜡廟》，在票界名重一時。

抗戰時期，家華以人際關係良好，受命於國府留居上海，從事金融事業。休閒時，多以京劇消遣，藉以分散敵偽的注意力，便於為政府工作。當年名伶麒麟童也在上海，二人相識，以心性相近，藝術共鳴，交往甚密。在劇藝上，麒老牌對他給予了許多有指導。因為他中年變嗓，聲音沙啞，正好攻研麒派戲路。對《掃松》、《追韓信》、《徐策跑城》、《路遙知馬力》等劇領悟尤多。從此，奠基了麒派宏基。

抗戰勝利後，他當選上海特別市首屆市議員，轉而來臺出任行政院設計委員，後來又擔任工礦公司常董，公私事業都很順暢。平時對國劇仍然興致勃勃，愛之愈深。多少年來，一直堅持每隔一天調一次嗓子，麒派的西皮二簧各來一齣，一氣呵成，越唱越有精神，真是老當益壯，老而彌堅。

從來愛好麒派戲者人多，但真能登臺作場的優秀人材，則寥若晨星，在票友中學麒真具神髓的，僅有毛家華一人而已。毛家華在臺三十多年當中，經常登臺票演，一次比一次哄動。有一次，是假新生社與名票劉瑛演過《義責王魁》，麒派的神形兼備幾可亂真。還有一次，在臺視與名伶古愛蓮播錄《寶蓮燈》，與海光劇團串演《四進士》，新秀魏海敏、張海珠為其跨刀，均傳為佳話。前幾年，他以七十四歲的高齡，與魏海敏再度合演是劇，極具光彩。陶希聖特意在《中央日報》撰文，介紹毛家華票戲五十多年，兼通「南麒北馬」之長。他演的宋士傑一角，既將其傲骨、熱腸、幽默、機智等心態表達無遺；又把其豪爽、油滑、勇毅、尖酸等意味溶貫全劇。如此精湛劇藝，非有高深的學驗是難達此種水準的。在臺灣麒派票友中，他是理當名列榜首。

《描容上路》毛家華飾張廣才

張仲珺

《八大錘》張仲珺飾陸文龍

張仲珺（1915～199？），譜名傳楹，一名重，字衡之，號仲珺，又號翁仲，浙江海寧硤石鎮人。父諱思曾，光緒二十八年舉人，曾任甌海道道尹。後歷任京師圖書館館長、浙江省教育廳廳長，西泠印社社長等職。

仲珺先生幼聰慧，高中畢業後入北京交通大學鐵道系。嗜皮黃，幼習武術，乃從唐榮祥習武生，並從德珺如弟子張寶昆習小生。以慕德美才，自號仲珺。同時，義務教導北平戲曲學校幼生文化課程。現存弟子有蕭英強昆仲等。課餘屢赴廣和樓聽戲。見楊小樓驚仰無似，力學其音神氣度，累年不輟。大學畢業後，供職平漢鐵路，公餘串戲，搭配者多為一時雋材。

北平淪陷，張仲珺響應抗日號召，考入空軍官校第十三期。畢業後，赴貴陽服役，公餘在榮蝶仙班客串。以嗓音好，扮相俊，藝列名票之列。當時他串演小生，如《奇雙會》之趙寵、《群英會》之周瑜、《叫關》之羅成等，均為拿手。

1949 年，他隻身赴港，一度銷聲匿跡。六十年代復出，登臺客串，首場演出，前武戲《八大錘》，後文戲全本《奇雙會》，由章遏雲配演，票界震驚。

張仲珺先生目睹名貴老戲多年，稟性聰穎勤學，所唱之小生戲多宗德珺如、程繼仙；武生戲追隨小樓、李吉瑞，古色古香。長靠戲《九龍山》之開打，老爺戲《漢津口》之架勢，勾臉戲《別姬》之霸王的氣派、箭衣戲《連環套》黃天霸《公堂》的下場身段、拜山一場的白口，短打戲《翠屏山》石秀的單刀等等，均成票界絕響。彼時，《翠屏山》為海峽兩岸之禁劇，以京梆兩下鍋著稱，先生以六十高齡唱梆子，嗓音之高亢，氣力之充沛，可想而知。八十年代，曾在美國舊金山演出《古城會》，馬童為陳同申，皇嫂由華文漪、梁谷音分任。紅花綠葉，相得益彰。仲珺先生赴美曾演出於華盛頓或紐約林肯中心，由內行伴演，往往無須排戲，僅交待鼓佬三數特有身段，即在臺上見了。

先生熱心公益，對溫哥華市立醫院及溫哥華市社區活動中心資助數十年，對京劇之傳衍尤為關心。七十年代，先生集十位耆英戲友，向加拿大聯邦政府申請經費，將「燕聲社」改組為「頤社中國戲劇音樂研究中心」，請王翰章先生為首屆社長，並捐贈全副戲箱，包括盔頭、刀槍把子及道具等。先生除捐款策劃外，從未擔任社長。對溫市京劇內行人士克盡禮遇，延為頤社客卿。

自一九八一年建社以來，頤社定期公演，爾來二十有五年。目的有二：其一為在海外推介京劇藝術，其二為籍演出，鼓勵新進以充實其興趣。為此先生慷慨解囊，多年不輟。

先生自弱冠起，客串演出至七五高齡，所見之多，所記之熟，所學之精，所會之深，每令內行人士肅然起敬。

辜振甫

辜振甫（1917～2005），字公亮，臺灣彰化縣鹿港人，祖籍福建省惠安縣，曾擔任首任海峽交流基金會董事長，臺灣知名企業家。也是一位著名的京劇票友。

《二進宮》辜振甫飾楊波夫人飾李豔妃

辜振甫在 1940 年畢業於臺北帝國大學政治學系，後到日本帝國大學做財政及工商管理研究。先後獲韓國高麗大學榮譽經濟學博士學位和美國賓夕法尼亞大學榮譽法學博士。經營實業，係臺灣水泥公司董事長，1990 年美國《福布斯》雜誌將他列入全球一百八十一個資產超過十億美元的富豪之列。1988 年被聘為臺「總統府國策顧問」。1990 年，臺灣海峽交流基金會成立，辜當選海基會董事長。代表臺灣海基會與祖國大陸海協會長汪道涵在新加坡舉行了「汪辜會談」。為兩岸關係的發展做出重大貢獻。

辜振甫十分愛好京劇。他從六、七歲起就與京戲結緣。辜家院子裏設有練功房，排演室，還有一座戲臺。他從小就耳濡目染，對京腔京韻百聞不厭。成年後，曾到北京、上海、香港等地拜師學戲。三十年代，在北京曾拜余叔岩為師。他認為，在他的戲曲人生中，最值得回憶也是影響他最深的，是他二十歲左右在北京追隨余叔岩的那一段日子。因深受其教，所以他的老生唱腔掌握了許多「余派」的精髓。

辜振甫愛唱戲，他在開展各種社交活動時，都要演京劇助興，時常登臺彩唱。拿手戲有《洪羊洞》、《朱痕記》、《空城計》、《群英會》等。他所扮演的孔明、楊六郎等人物，皆以風度翩翩、氣質高雅而稱著劇壇。

在其擔任海基會董事長期間，他多次邀請大陸著名京劇演員赴臺演出，興致而來，自己也登臺清唱，用京劇藝術帶動兩岸文化交流，從而推動了兩岸政治、經濟的合作，功莫大焉。

麥李淑齡

麥李淑齡（1918～2012），生於天津金融界名門。幼年隨父母遷居北京，經過家庭堂會等機會，開始看戲，耳濡目染，遂喜愛京劇，並對父母提出學戲的要求，但遭到父親的反對。後幾經懇請，才得到父親的同意，延請京劇老師來家中教唱青衣唱段，作為課外活動。從此開始了學戲、看戲、愛戲和唱戲的路程。

《四郎探母》麥李淑齡飾蕭太后

上世紀三十年代，上海發展為中國金融中心，舉家隨著銀行遷赴上海定居。延請李琴仙先生來家教授身段，陳道安先生教授唱腔，又請夏福寶先生調嗓，每天不斷。年齡雖小，嗓音和唱法技巧與日俱進。此時，父母已准許她外出看戲，因而得以遍看好角兒、好戲，增加了豐富的閱歷。後奉父赴港，在港期間，從馮鶴亭繼續研習梅派，以悟性高，反應快，進步神速。

及笄，與波音飛機公司遠東區經理 George McElroy 先生結婚，一同赴美，定居西雅圖。數年後，隨夫調回亞洲，再度赴港，結識京劇耆宿李桂芬與梅派名師包幼蝶等，又恢復了學戲日程。此時麥夫人已是資深名票，在包先生的指導下，深得梅派的精髓，不僅技巧大進，嗓音也愈加寬亮，包先生喻之為「金嗓子」。數十年間，學習和演出的劇目如《鴻鸞禧》，《拾玉鐲》，《遊龍戲鳳》，《御碑亭》，《四郎探母》，《玉堂春》，《宇宙鋒》，《霸王別姬》，《西施》，《太真外傳》，《鳳還巢》，《生死恨》，《穆桂英掛帥》等多齣。

四十年前，麥夫人與同好一起在西雅圖組建了華聲票社，定期對外公演，向中美人士推介傳統京劇。並對「華聲社」在經濟、精神和戲劇傳承各方面，都付出了很多支持。由於社員人數迅速增加，麥夫人對後進社友知無不言，言無不盡，一字一句，一招一式親自傳授。每逢華聲社大慶彩唱之時，麥夫人均在《四郎探母》中飾演蕭太后，唱功和做派的講究，著實為人稱道。麥夫人一向主張，票友不論是演出或平日練唱，事先一定要認真研究，務求對人物心領神會。演出後還必須進行有條理的檢討反思，總結得失，這樣才能進步，才能把京劇中最美好的東西傳示於人。

郝柏村

郝柏村（1919～2020），字伯春，漢族，江蘇鹽城人。臺灣當局一級上將，曾任行政院長、國防部長，參謀總長等職。

郝柏村小照

青年時代的郝柏村是陸軍官校第十二期炮科學生，國民黨黨員。畢業後即加入抗日戰爭，參加過 1938 年的廣州之役和 1939 年的皖南戰役。後又隨孫立人所率領之中國遠征軍 38 師赴緬甸作戰。戰後轉入印度休整。1948 年，於國共內戰之際，參加了遼瀋戰役。他從錦州前線被召回，任命為蔣總統的侍從官。

郝柏村自幼喜歡京劇，在學生時代就是一位京戲票友，工老生，平時最大的愛好就是唱上一段京戲。從軍作戰之際，一有條件就唱上一齣，以抒胸臆。同僚和士兵們也深知其好，無論是在戰事間歇，還是祝捷慶功會上，大家都請他唱京劇。郝先生從不推辭，有弦時，就拉來伴奏。無琴時，就乾脆清唱。其中《空城計》、《打魚殺家》、《當鐗賣馬》等最為稱手。

到臺灣之後，偶兒他也會穿上戲裝、登上舞臺和名琴、名票及「國光」、「海華」京劇團的專業名家們同臺表演。在臺灣的軍界、政界裏，愛好京戲的不乏其人，尤其是上了年紀、從大陸來臺的各界人士，對京戲更是喜愛有加。這裏面，除了文化興趣之外，更夾雜著濃濃的故鄉情結。做為一個政治人物，郝柏村唱京劇更有「反獨」的特別色彩。他在八十多歲的時候，在臺灣貼演《賀后罵殿》，飾演趙光義，當晚，家人都到場替他打氣加油，連新當選國民黨主席的馬英九，也特別前往致意。

郝柏村平時也串票房，每次到溫哥華探親時，都由原空軍副司令員袁行遠先生陪同到章寶明女士主持的「列治文京劇社」走走，唱上一兩段，同樂聯歡。

2009 年 8 月，郝柏村應大陸之邀抵京，名義上是參加畫家黃君璧作品展。但此行與海協會長陳雲林相見，共同商討兩岸簽訂和平協議談判和建立軍事安全互信機制的問題。是晚，他在黃君璧幼女黃湘詅的陪同下，參觀了恭王府，晚上在恭王府大戲樓觀賞堂會演出。大陸知名的京劇演員耿其昌、李維康，以及李寶春等都參加了演出。郝柏村與黃湘詅是「忘年之交」，二人曾在一起合作過《霸王別姬》。晚宴上，九十一歲高齡的郝柏村興致極高，上臺即興演唱了《空城計》選段。節奏鏗鏘、韻味十足，贏得眾人喝彩。

表演結束後，他謙虛地對記者說：「我給自己打六十分。我在戲臺上是二等兵，他們搞專業的都是一級上將，但是我不怵，有這個勇氣。」郝柏村愛唱戲，不僅借戲曲來體驗非常人生，同時，也用京劇來聯誼兩岸的魚水之情。

黃金懋

黃金懋（1919～2013），祖籍杭州，家族是當地富殷之家。民國初年，他的父母在北京讀書時生下了他。因乃父喜好京劇，且與許多名伶來往。家中有手搖唱片機，又買了當時所有京劇名角的唱片，終日聆聽。在家庭環境的影響下，黃金懋從三歲起就開始聽京劇，稍長，便隨家人一起去戲園子聽戲。據他說：梅蘭芳、楊小樓、余叔岩等名家的名劇，「看了一百遍，也覺得過癮。很多戲，回家自己就學著唱，當然屬於閉門造車了」。他最喜歡老生余叔岩，幾歲時便會唱幾段了。

《朱簾寨》黃金懋飾

六歲時，黃金懋隨家人遷回杭州。4 年後，進了上海南洋模範小學，仍然聽戲不輟。十三、四歲時就在學校的聯歡會上登臺演唱了。後來他考入上海聖約翰大學經濟科，分別擔任學校京劇社和書法研究社社長。畢業典禮，他受到同學們的邀請，演出京劇《四郎探母》。這在英文學校裏還是從來沒有過的事情。

50 年代末，黃金懋南下香港，正值馬連良、張君秋等大家名角在香港演出，黃金懋飽享京劇之美，身在海外，心戀鄉音。

黃金懋在香港的票友聚會中，和孟小冬有過幾面之緣，但未得深交。有一次他被香港「麗的呼聲」邀請去電臺演唱，他那韻味十足的老生唱腔，竟然驚動了常聽廣播的孟小冬。

彼時黃金懋在香港的一間瑞士銀行工作，這一天突然收到了孟小冬秘書的電話，說：「孟小冬明天搬家，邀請你去她家裏住。你不用擔心，孟小冬已經安排好人替你搬家了。她覺得你唱很不錯，要收他為入室弟子。」意想不到的恩寵，使黃金懋竟然不知所措。就這樣，他搬入孟府，一住就是十年。房租只是每月象徵性地收他 100 元。每日均可得孟小冬的指教，余派唱得爐火純青。直到黃金懋結婚才搬出孟府。

黃金懋說;「孟老師早上不起床，但一到晚上，家裏就賓客滿盈，朋友五湖四海，打麻將，聽戲。等他們都走了，我才開始唱給她聽，然後她再指點，基本都是 1、2 點鐘才睡。」其實，不少戲他都會唱，但是在杏壇下深造，終得修成正宗。

1983 年，經香港票友推薦，黃金懋正式去北京拜見梅蘭芳之子梅葆玖。葆玖讓他拉琴，他便拉一段梅先生的名劇《生死恨》，梅葆玖就唱了一段。結果第二天通知黃金懋說，梅葆玖準備演出整齣的《生死恨》，並請他操琴。這場戲全是梅家人馬或名家後代，只有他一個票友。演出長達四個小時，從下午 5 點直到夜晚近 11 點。

黃金懋的名聲在美國華人京劇戲迷中也有極大的影響，80 年代受邀去美國排戲，後來從事梅蘭芳表演藝術研究工作至今，一度擔任美國舊金山梅蘭芳藝術研究會會長。

陳其昌

陳其昌（1925～1999），加拿大籍華僑，工程師。海外著名「程派」名票。現年 85 歲，居住多倫多市。1976 年，與諸多京劇愛好者共同組織成立了多倫多國劇社。宗旨是：提倡正當娛樂，傳承、弘揚中華國粹，為豐富本地多元文化藝術做出我們的貢獻。曾任 1984 年度社長。

本著這一宗旨，多倫多國劇社三十多年來汲汲營營，未嘗中綴。除平時清唱之外，每年舉辦一到兩場正式演出。此外，國劇社還接受諸如安省美術館、博物館、多倫多市圖書館、各個大學和學校、社區中心、以及北美其他地區文藝團體的邀請，舉辦京劇知識講座或合作公演。國劇社在各界的支持下，日積月累蔚然大觀。如今，多倫多國劇社已成為服裝、道具、乃至演員行當最齊全的京劇票社。

國劇社常邀請專業名家來指導或演出。楊燕毅、沈健瑾、秦雪玲、孫明珠、徐露、郭小莊、孫興珠等來參加過活動。楊燕毅的女兒楊菲移居加拿大，是國劇社琴師之一。楊燕毅探親時曾與國劇社合作演出過《鍘美案》。

陳其昌私淑「程派」多年，造詣極深，票演《六月雪》、《賀后罵殿》最為稱手。1981 年，趙榮琛赴美講學期間，陳其昌與趙先生相識，並正式拜師求教。《春閨夢》、《鎖麟囊》等戲經趙先生梳整，顯得更為精緻。

李毅清

《春閨夢》李毅清飾夫人

李毅清（1925～201？），臺灣京劇名票。1925年出生於湖北，由於父輩都是標準戲迷，他五、六歲時就常常家長到處看戲。十二歲時，為抗戰而投身軍旅，參加了隨軍業餘劇團，跟隨名票葉天生學戲。十八歲在漢口大舞臺擔任會計，常聆聽老伶工榮蝶仙為劇團團員說戲、排戲。自己在一旁也邊學邊練，如此耳濡目染，為他的唱、念、做、表，也打下了深厚的基礎。

1949年，他隨著國民政府來到臺灣，參加了申克常兄弟的票房。時常到電臺演唱，他那高亢清脆的嗓音，得到著名老生胡少安的賞識。經其邀請，李毅清加盟了海光劇團。前後與胡少安合作演出了兩百場戲。

第一次與胡少安在國光大戲院演出全本的《紅鬃烈馬》，轟動一時，創下票友與內行合作的先例。隨後演出的《銀屏公主》，他完全運用了張君秋的唱法，更可謂盛況空前，還贏得了「臺灣張君秋」的美譽。後來因嗓子出了問題，改唱「程派」。結果，又唱出了程腔神韻。待嗓子漸漸恢復，「張派」、「程派」皆能婉轉自如。即演「張派」的《武昭關》，又演「程派」的《鎖麟囊》，如此功力，實非一般票友可及。

李毅清最得意的事情，是曾經為徐露啟蒙，為其後來成為臺灣京劇界的一代名伶盡過綿薄。李毅清常說，他真的要感謝父母親讓他生就一副好嗓子，即使到了七十七歲，他的聲音依舊高亢、宏亮，加上他善於仿真，使他一人能兼學梅、尚、程、荀四派的戲碼。

李毅清票戲六十多年，演出超過八百場，精熟的劇目則有八十多齣，包括梅派的《宇宙鋒》、《三娘教子》、《生死恨》；程派的《鎖麟囊》、《碧玉簪》、《金鎖記》、《春閨夢》、《荒山淚》、《珠痕記》；荀派的《尤三姐》、《霍小玉》、

《金玉奴》、《坐樓殺惜》；張派的《銀屏公主》、《望江亭》、《楚宮恨》、《趙氏孤兒》、《西廂記》等。人稱京劇「鬼才」。

李和聲

李和聲（1926～202？），原名悟聖，原籍浙江寧波，生於上海。父親經營船務生意，本是大富之家，詎料日本侵華，家道中落。他十四歲經商，開始賺錢養家。1945 年自立門戶，開辦「生大永」金鋪。改名和聲，取凡事應「以和為貴」，與友朋交「聲氣相投」之意。生意越做越大。解放前後，移居香港，創辦了香港順隆集團有限公司，現任大唐投資國際有限公司董事會主席與大唐金融集團有限公司主席。1986 年，創辦香港聯合交易所，並擔任香港證券商協會名譽會長及香港證券經紀協會名譽顧問，對推動香港成為國際金融中心貢獻傑出。

李和聲先生從六歲開始跟隨父親欣賞京劇，稍長開始學習花臉，氣大聲宏，唱得極好。但因從事金融交易時，在市場上要大聲叫賣，長期下來嗓子就喊壞了。於是，他就改學拉胡琴。他說：「做金融壓力很大，很浮躁。我只要有空就去票房，京胡一拉我什麼煩惱都沒有了，頭也不痛了，真是人生中最好的一劑良藥。京劇在我的心裏排在了第一位。」

李和聲和他的太太李尤婉雲

後來，他請來著名琴師張和錚先生指導琴藝和老生唱腔，均有了極大的提高。就是在業務繁忙的時候，也一直堅持一周練習六次，技藝大增，逐漸儕身琴票之列。60 年代在朋友引薦下，李先生拜師孟小冬。從此，兩個月去一次臺灣，每次學習一周，就這樣，一直學了兩年。

他的太太李尤婉雲（1933～），原籍江蘇無錫，生於上海。其父尤菊生為滬上武生名票，自幼備受薰陶，再加上李和聲先生的影響，也迷上了京劇。她先拜梅蘭芳的琴師任莘壽為師，並請倪秋萍指導，專攻梅派青衣，又得到梅門弟子秦慧芬及梅葆玖、小王玉蓉的幫助。與夫君一起唱和，可稱得琴瑟和諧、曲盡於飛。

1977 年，二人在新加坡首演《武家坡》，成績極佳。次年，在香港演唱《四郎探母》、《武家坡．大登殿》等，得到行內人士首肯。自內地改革開放以來，京劇團體赴港演出頻繁，李氏伉儷與眾多名家亦師亦友；曾與梅葆玖、馬長禮、譚元壽、劉長瑜、葉少蘭、尚長榮等，先後在上海同臺演出《四郎探母》、《武家坡》、《鳳還巢》等劇。均由和聲先生操琴，堪稱珠聯璧合，滿臺生輝。尤婉雲多次參加大陸舉辦的京劇大賽，榮獲很多大獎。

十幾年來，夫婦二人一直支持香港和內地高校進行京劇推廣，率先倡導成立了全國普通高校京劇教育研究會。李和聲在香港有個「薪火相傳」項目。只要是內地來香港的京劇演出，他都買票送給學生們免費看戲。同時主辦香港「振興」票房，為振興海外的京劇事業而力盡綿薄。

盧燕

盧燕（1927～2019），原名盧萍香，盧燕香，盧燕卿，英文名 Lisa Lu。旅美華裔影人，曾三次獲得金馬獎。她不僅能用英語和漢語在中國大陸、香港、臺灣和美國的電影、電視和戲劇舞臺上表演，還擅長表演京劇和崑曲，突出的藝術造詣使她獲得了聯合國國際和平藝術獎，和「北美地區百大傑出華人」的榮譽。

盧燕小照

盧燕祖籍廣東中山縣，出生在北平，成長於上海，母親是京劇名伶李桂芬，梅蘭芳是她的乾爹，她從小一直住在梅府綴玉軒，與梅葆玥同居一室，一起長大。京劇世家的背景，使得她十幾歲的時候就能登臺唱戲。工旦角，也工老生，但並未「下海」，是位藝壇名票，一直活躍於中國文藝界。

她在上海聖約翰大學學習工商管理專業，曾在上海影院中擔任過為英文片同聲翻譯。1947 年移居美國夏威夷，在夏威夷大學攻讀財務管理專業，兼修戲劇與演講。她對戲劇頗感興趣，在丈夫黃錫琳的鼓勵下，又進入加利福尼亞州帕薩迪納戲劇學院表演系深造，從此開始了自己的表演生涯。

盧燕畢業時，演出了話劇《八月茶室》獲得了成功，就此打開了進入好萊塢的大門。她憑藉著自己深厚的功底，開始在美國電視界出演電視劇。60 年代初，她演了第一部美國劇情長片《山路》，一個秀外慧中、具備東方古典氣質的明星就此在西方誕生了。

接著片約不斷，她連續拍攝了《國王與我》、《安娜和國王》、《魔種》和《聖徒傑克》等劇，都取得了非凡的成就。其中包括奧斯卡獲獎影片《末代皇帝》中扮演的慈禧太后，在《喜福會》中扮演的時代「幸存者」許安梅，這些不同身份、不同性格的角色，證明了盧燕駕輕就熟的藝術才能。

盧燕除了在中國大陸、香港、臺灣和美國影視界表演以外，她還參與了許多戲劇、舞臺劇的表演。1978 年，她以一位資深的京劇票友的身份，與俞振飛在香港藝術節上演過崑曲《牡丹亭》。還與歸亞蕾等合作，演出了根據白先勇小說改編的舞臺劇《遊園驚夢》。她的青衣戲得自梅蘭芳的親傳親授，盧燕的表演使崑曲與話劇達到完美的結合，真正做到了將中、西兩種文化不著痕跡地融會貫通在一起。

盧燕雖然身在海外，但始終心繫中國，時刻關注並支持華語影壇的發展，先後參與了大陸影片《最後的貴族》、《蘭陵王》、《姨媽的後現代生活》的拍攝。此外，盧燕始終保持著對京劇的熱情，八十高齡的盧燕出席了上海「明星戲曲電視選拔賽」的首場直播，並登臺表演經典京劇唱段《定軍山》。這也是她向戲劇大師致敬的一種表示。

謝偉良

謝偉良先生（1928～202？），係加拿大多倫多國劇社副社長，海外著名票友。祖籍南京烏衣巷，祖輩世代業儒。祖父因出任清代官吏，遂舉家遷居滬上。父親行四，在洋行工作。因精通機械，1920 年去職，獨資開辦宏口造船廠，並在浦東創建了數座船塢，營造航海大船，在造船業頗有樹建。成為滬上傑出的民族資本家之一。

1928 年，謝偉良出生在上海，自幼受到良好的中西教育，在時風的影響之下，自幼喜好京劇，中學期間就在家中聘請教習學戲，作為課餘娛樂。曾向蒙師劉畢霖、馬盛龍學習武生和文武老生。並積極參加工部局所辦的職工票房活動。九歲時，第一次在西藏路寧波同鄉會登臺，演出《大登殿》，深受好評。從此，演劇之好益發不可遏止，研習京劇更加刻苦認真，技藝大增。後來，又得到產保富、諸鼎元、小三麻子、張少甫、苗勝春等名家精心指點。曾多次在黃金大戲院、蘭心大戲院演出《落馬湖》、《朱簾寨》、《二堂捨子》等戲，好評如潮，在滬上票界小有名氣。

謝先生自工部局利斯特師範大學畢業後，一直從事教育工作。業餘依舊孜孜不倦地堅持所好，對「余派」頗有研究，經常參加友聲旅行社、電誼社和大觀雅集諸票房的走票和義演活動。他在《白馬坡》中飾演的關羽、《群英會》中飾演的孔明，連內行都很歎服。文化大革命期間，因家庭出身所累，身心被受折磨。80 年代後，因嗓音失潤而潛心研究「麒派」藝術，頗有心得。謝先生所演的《三娘教子》、《描容上路》、《打嚴嵩》殊得「麒派」神韻。八十年代中期，謝偉良移居加拿大，參加了多倫多國劇社的活動。該社是由香港票友和臺灣票友們聯合組織起來的，主辦人張俊江、柯亭、孔繁峰等人都是很優秀的名票，前後有五十多年的歷史。該社每星期活動一次，每年登臺演出兩次，數十年如一日，從未間斷。該社自備戲箱，僅男女大靠就有十餘套，足見規模之大。

謝先生到社後，增加了社裏的陣容，他與名票陶鼎新、任秀中等人合作，先後排演了《鳳還巢》、《花田錯》、《將相和》、《鎖麟囊》等劇，演出效果極佳，受到當地僑民的熱烈歡迎。該社對京劇在北美的弘揚，起到了巨大的推動作用。

何青意

何青意（1929～202？），女，1929 年生於南京一個殷實之家，少年時曾就讀於重慶南開中學；1947 年赴美留學，1953 年獲紐約大學藝術教育碩士學位。一直從事繪畫藝術創作。被美國曼哈頓藝術雜誌評為「九十年代的藝術家」。其作品《剛果鄉村》、《談判》、《赭色四》等多次入選「藝術大使計劃」，以及美國大使館、美國繪畫展等。她是美國著名的女畫家，也是位海外名票。

何青意自幼鍾情戲劇，在就讀於重慶南開中學時期，就經常聽戲，並學著唱戲。工「梅派」青衣，係紐約「國劇雅集」票房的資深會員。何青意有一招獨特的才能，會京劇化妝，尤其能勾花臉，每有演出，她都是後臺最忙碌的人。1984 年，趙榮琛赴美講學期間，何青意受其藝術吸引，改學程派。先後向趙老師學了《罵殿》、《武家坡》、《六月雪》等三齣戲。

何青意演出的《春閨夢》

2001 年曾赴上海，參加趙榮琛誕辰九十五週年紀念演出，與李大維合作《武家坡》；2004 年，回天津舉辦畫展期間，與張克合作《坐宮》，頗受好評。她以程派名劇《六月雪》參加和平杯票友比賽，獲得「雙十佳」稱號。

南開大學建校 90 週年之際，何青意重返母校，將自己 50 多年來的代表畫作贈予南開大學，並受聘文學院客座教授。何青意在致答詞中說，她回顧 80 年人生歷程，南開歲月是自己最為懷念的一段經歷。「南開的教育注重體育、合唱與話劇，這為我日後從事美術事業打下了良好的基礎。」何青意說：「在我旅居國外的幾十年裏，生活中常有些不如意之處，是南開人自信自強、樂觀向上的獨特品質讓我度過了一個又一個難關。」何青意激動地說，「我將竭盡所能，為南開的藝術教育和人才培養多做一些事，祝母校取得更輝煌的成就，願南開精神代代相傳，永放光芒！」

錢江

錢江（1931～1999），1931 年生於上海，就讀於上海聖約翰大學文學系，20 世紀 50 年代初移居香港。他自幼喜愛京劇，先學唱老生，1985 年，在香港拜姜妙香琴師任莘壽為師，改唱姜派小生。其後，又在北京拜姜門弟子黃定為師，精習唱法，獲益良多。而今係北京和香港三家大公司的董事長，也是一位京劇名票。

錢江在從商期間，無論工作如何繁忙，仍是忙裏偷閒，悉心鑽研京劇。1991 年，他與李和聲諸先生在北京組織成立了北京國際票房，每週活動兩次，主琴是專為葉少蘭操琴的李之祥。十多年來，錢、李二人的合作珠聯璧合，更使錢江的演唱技藝日增。錢江先生對《白門樓》、《羅成託兆》、《羅成叫關》、《轅門射戟》、《監酒令》、《玉門關》、《孝感天》等「姜八齣」諳熟於心。深入的研究，使姜妙香先生的代表劇目得以繼承。

和寶堂先生在《北京晚報》撰文《唱京劇是享受》，寫道：錢江說「唱京劇可以氣通丹田，是一種很好的氣功訓練，更是一種享受。我一個星期工作五天，星期六的任務就是看戲，上個週六我看的是梅葆玖和董圓圓的《鳳還巢》。週日就是到國際票房唱戲。我是這個票房的會長，楊潔、董圓圓是副會長。京劇界的頭面人物，如 86 歲的王琴生和梅葆玖、譚元壽、張學津、葉少蘭、姜鳳山等名家，與港臺和海外的名票都到我們的票房自唱自娛，歡聚一堂。從下午三點唱到晚上九點。自 1991 年至今，我們都是風雨無阻的。我能連唱三齣戲，也不覺得累。」

《沙橋餞別》錢江飾玄奘

錢先生說，他自幼喜愛京劇，特別尊崇京劇小生宗師姜妙香先生的藝術，拜師學藝 15 年來，與沈小梅、董圓圓合演過《玉堂春》；與汪正華、張學津合演過《沙橋餞別》；與周少麟、張學津、葉少蘭合演過《群・借・華》；與梅葆玖合演過《洛神》；與王琴生、梅葆玖、梅葆玥、王樹芳合演過《四郎探母》等等。其中有不少是冷門戲。可以說，錢江比專業劇團的一般演員會的還多。

他的彩唱表演，除了因腿疾影響做派之外，唱念的姜腔、姜韻十足，嗓音蒼厚，演唱精到，念白有力，音色渾厚，另有風韻。

錢江熱情好客，國際票房成為海內外名家名票經常性的聚會場所。梅葆玖、張學津、葉少蘭是常客，上海的李薔華、汪正華、尚長榮，名票如劉曾復、吳小如、范石人等，均多次在此交流、切蹉技藝。海外包括美、法、英、日及港澳和臺灣地區數以百計的票友，也常常到此相聚、演出。國際票房為傳播京劇藝術作出了特殊的貢獻。

章寶明

章寶明（1930～），字超乾，女，安徽涇縣人。生於書香門第，其父章鶴年先生係民國政要。從政之餘，嗜好京劇，工老生，對「余派」藝術頗有研究。在其父的影響下，章寶明自幼對京劇產生了濃厚的興趣，時常隨父哼唱，走訪票社，學戲弔嗓。並請名師指導，逐漸有系統地學習正工青衣。七歲便能登臺清唱《鳳還巢》。

《狀元媒》章寶明飾柴郡主

1948 年，舉家遷居臺灣，大學畢業後，考獲教師檢定證書，致力於教育事業，先後在鐵路子弟學校、雨聲國小、國中執教，並擔任輔導研究部主任二十餘年，是一位頗有成就的教育工作者。課餘，研習京劇不綴，曾請「臺灣復興劇校」的丁春榮老師教授梅派、張派經典劇目，長達五年之久。在唱、念、做、表方面打下堅實基礎。先後主演了全部《四郎探母》、《龍鳳呈祥》、《賀后罵殿》等劇十分成功，報紙美譽不絕。

1971年，遷居新加坡，仍然從事教育工作，並且在「平社」、「天韻」京劇票房擔任顧問。與此同時，還向王雲霞、吳絳秋問藝。先後與名票侯深湖、戴鏡湖、毛威及名伶曹復永、孫復潤等人合作，演出了《秦香蓮》、《三娘教子》、《霸王別姬》、《春秋配》、《武家坡》、《大登殿》、《穆桂英掛帥》、《生死恨》、《白蛇傳》、《法門寺》、《趙氏孤兒》等劇八十餘場。先後多次代表「新加坡訪問團」赴臺灣演出京劇，贏得「新加坡梅蘭芳」之稱。為在海外弘揚國粹，竭忠盡智、力盡綿薄。

六十年代，章寶明開始鑽研張派藝術，每日研聽從大陸傳來的張君秋先生的錄音、錄像，深入地探討張派表演藝術的神髓，收穫頗豐。演唱「張派」經典劇目《望江亭》、《狀元媒》幾乎達到亂真的地步。1995年，應邀參加了中國文化部在天津中國大戲院舉辦的「中國藝術節」，與國內名家合作演出了《望江亭》獲頒榮譽證書。不想落幕之後，張君秋先生竟親臨後臺勗勉有加，並正式接納章寶明為張門弟子。

此後，章寶明經常應邀赴大陸演出，先後應邀參加了「全國票友大賽」、「國際京崑票友大賽」的祝賀演出，與朱寶光、劉國強、靳學斌、溫玉榮、呂孔瑜、馬連生等人合作演出了《三堂會審》、《狀元媒》等。《中國演員報》稱讚章寶明：扮相俊美，嗓音圓潤，咬字清晰，氣口靈俏。能把「張派」唱腔的抑揚頓挫、酣甜脆美表現得淋漓盡致。1999年，章寶明以彩唱張派經典劇目《狀元媒》榮獲中央電視臺主辦的「國際京崑票友大賽金龍獎」。

章寶明與胡可汗先生在加拿大創建了「列治文京劇社」票房，出任社長，團結海外票友無數，為京劇藝術在海外發揚光大做出了不懈的努力。

毛威

毛威（1930～1999），藝名紅葉館主，新加坡名票。

毛威，祖籍四川成都，在北京出生。十歲時返回老家，就讀於四川三臺國立中學，中學畢業，響應政府抗日號召「十萬青年十萬軍」，投身青年軍二零一師，從軍報國。假日裏，常跑軍中票房學習京劇，頗能演唱幾齣。1945年抗戰勝利後，進入國立北京大學歷史系。

《販馬記》毛威飾趙寵

1950年隻身來到臺灣，在中國廣播公司工作。後來考入香港邵氏影片公司，擔任小生演員，拍過不少影片，但更大的貢獻則是擔任邵氏影片的配音領班，他和妻子王玫都曾為許多一線主角配過音。後來，雙雙加入新加坡廣播局，為新成立的演員訓練班和配音組工作，栽培不少出色學生。藝人方面有李南星、陳澍城、向雲、黃文永、黃奕良和王昱清等，配音員則有李榮德、劉詩璿、張永權等。

毛威有天賦的寬亮嗓音，中和圓潤，兼以扮相雍容華貴，神韻又很清雅秀麗，曾貼演過《紅娘》、《鴻鸞禧》等花旦戲，演技精細，深得好評。專家們認為他的條件好，近乎梅派上材，經名琴師張和錚先生的指點，他開始專攻梅派。經過多年的潛心鑽研，技藝迅速提高，不是一般票友能望其項背的。遂以梅派青衣蜚聲「天韻雅集」票房。他曾多次赴臺公演，能戲有《宇宙鋒》、《鳳還巢》、《西施》、《生死恨》等。馬維勝、王陸瑤曾為之跨刀配戲。

他到了中年的時候，身體開始發胖，朋友們建議他還可以向小生發展，以適應體態。他從善如流，開始鑽研姜派小生，成績突出，成為小生、青衣「兩門抱」的名票。他演《紅娘》中的張君瑞、《玉堂春》中的王金龍、《鴻鸞禧》中的莫稽、《拾玉鐲》中的溥朋，都很精彩。舉凡小生中的扇子、袍帶、窮生等，都能勝任而為。

後來毛威離開新加坡，在南洋兼理自己的事業。有時返回港、臺探親，曾為臺視錄製了《宇宙鋒》等戲，名角孫玉立等為之跨刀，演唱尤佳。

我所經歷過的京劇票房

筆者生之亦晚，對解放前（1949 年）京劇票房的情況知之甚少，此書貝是遠拾近搜，集羽成裘之談，僅供讀者研究之用。下面，我想就我親經親見的一些有關票房的往事寫將出來，也算是一種補白。

我是 1945 年生人，自幼住在北京西城區太安侯胡同西口。如果順著趙登禹路向南走，不遠是程硯秋先生的私寓。再往前走，出了麟閣路就是馬連良先生的住宅、西單劇場和長安大戲院。如果往北走，不遠就是護國寺，梅蘭芳先生的住宅和人民劇場。可以說，我家就處在一個京劇窩裏。

因為老一輩人都愛聽戲，筆者從小就跟著大人跑劇場，看京劇。當時年齡小，對名伶大角並無敬意。看過荀慧生和韓世昌裝扮的女人，就覺得他們太胖了。看過譚富英和裘盛戎的《除三害》，又覺得他們都太瘦了。唱的是什麼既聽不懂，也看不明白，挺沒勁的。倒是特別喜歡看李金鴻、閻世善的《無底洞》、《鋸大缸》，恢諧有趣，開打火實，還有神仙下凡、百獸起舞，煞是好看。他們演一場，我就看一場，連門口檢票的阿姨都認識了我。遠遠的就打招呼：「你又來了！」

上了中學時，我就懂些戲了。李少春的《野豬林》、裘盛戎的《探陰山》、李萬春的《長板坡》、譚富英的《打金磚》、李和曾的《生死牌》都深深地吸引了我。尤其馬、譚、裘、張的《趙氏孤兒》，已經令我百睹不厭、百聽不煩了。從此，我就迷上了京劇，而且，自己也萌生了要唱兩段的欲望。

我的同班同學住在我家附近的武王侯胡同，他介紹我與他家同院的鄰居閻仲裔先生相識。閻先生是尚小雲先生的弟子，北京鐵路局的職員，藝成而並未下海，成了北京的一位名票，綽號「閻太后」。是因為北京四城票房凡彩唱《四郎探母》時，都請他演蕭太后。因為他受過尚先生的真傳，嗓子又好，無此君則全劇不歡也。彼時，他已五十多歲，但行色爽朗，二目有神，拉起胡琴，手音極好。因患血壓高，一直休病在家。操琴、司鼓、跑票房、彩唱票戲，成了他日常生活的一種雅好。他很喜歡我，我們爺倆也談得來。興致來時，他便操起京胡琴教我兩段。《洪洋洞》、《文昭關》算是開蒙了。有一次在鼓樓劇場，他和馬連良先生的弟子胡某某一起唱《三娘教子》，我演小東人，算是我第一次登臺作場了。

筆者（左）少年時代與票友同學支朋新合演《黃鶴樓》的劇照

有相當一個時期，他帶我串票房，從中長了不少見識。我們常去的有西城官園票房，是以教師為主的：西直門樺皮場票房，則是以工商界職員為主的。還有圓恩寺票房、宣武椿樹票房，天壇金魚池票房等近十來處。這些票房都很規矩整潔，室內陳設簡樸有致。正中為文武場的席位，打鼓佬居中而坐，他的單皮、鼓板、鍵子、腳凳是誰也不能碰的。牆上有個水牌子寫著當日過排的戲碼。前邊為散段兒，後邊就號一齣大戲。演唱的人不走身段，都面南而立，不衝著聽主兒演唱。這可能是老一輩傳下來的規矩。輪不上唱的或是就來聽戲的，大多分坐兩廂。不得交頭接耳，不得亂動亂晃，以示對演唱者的尊重。所有的票房都有茶水供應，放大茶壺的條案上，都放著一個木匣子，是票友們自願捐款之用。木匣旁邊有一賬本，記有票房的日常收支，如煤火、茶葉、購置鑼鼓、彩唱演出等費用，會員可以隨意翻看。

票房對外演出也挺有意思，大票房逢年過節都要租場地彩唱，招待家屬及親朋友好。小票房一年至少也要演一次，大有彙報成績、娛樂同好的意思。水平高的票房則唱一些行當齊全、人人都能露臉兒的大戲，如《全本甘露寺帶回荊州》，或是《武家坡帶大登殿》，要麼就是《全部法門寺》、《探母回令》等等。小票房則唱一些折子戲，如《賀后罵殿》、《桑園會》、《坐宮》等。要麼，就是一些不吃功的恢諧戲，如《打面缸》、《鳳還巢》等。票友因為不常登臺，演出時事故頻發也很自然。筆者就親眼見過，鐵鏡公主的眼神不好，把喜神兒頭朝下倒著抱的：薛仁貴沒繫好褲帶兒，在九龍口掉了彩褲的，……。最有趣的是在新街口工人俱樂部，一個票房唱《二進宮》。可能唱花臉的與打鼓佬不和，花臉上場時，鼓佬開錯了點子。花臉大怒，罵了聲「我操你姥姥」，便把銅錘一下子砸向鼓佬。鼓佬也不含糊，回罵了一句：「你他媽的別唱了！」一腳把鼓架子踢翻，單皮鼓在臺上亂滾。嚇得坐在中央的李豔妃，抱著彩娃子就跑。楊波丟下牙笏，趕忙勸架。臺上臺下亂成一團，滿城傳為笑柄。聽說，後來眾票房聯合起來，說唱花臉的不守票規，被開除了票籍。當然，高水平的票房演出還是很吸引人的。譬如宣武區文化館票房的《探母回令》、東城區文化館票房的《趙氏孤兒》，真比專業所差無幾，內行也都翹大姆哥。

還有一件事我記得很清楚，有一次，閻先生與我一同去椿樹票房玩。這個票房很闊氣，院子大，地方寬綽。三間大北房中間沒隔斷。來這兒玩的都是票界的精英。記得那天過排《算糧登殿》，三個王寶釧、三個薛平貴。《武家坡》剛完，忽然打住。大家都站了起來，向外邊一看，有兩個身穿白西服、足下棕白三接頭皮鞋的人，向大家含笑拱手。「啊呀！尚先生、李先生二位大駕怎麼突然來這兒啦？我們大家可都有失遠迎了。罪過，罪過。快往裏邊請。」原來，這兩位先生一位是鼎鼎大名的尚小雲，一位是人人皆知的李萬春。二人灑脫無羈的風度，不虧是人中龍鳳。二位進得屋來，十分歉和的來了個羅圈禮，也不落座。尚先生開口便道：「諸位老少爺們千萬別客氣。這不，萬春來我家串門兒，剛喝了兩盅。他急著要走，我送他，路過這兒，街裏街坊的這麼多年，怎麼也得進來看看，順便跟老少爺們辭辭行。」大家驚問：「您這是要去哪兒啊？」「這不上邊兒派下來了，」尚先生說：「我們團去西安。李爺帶團去西藏。」「唉唷！西藏看得懂京劇嘛？」「看得懂，看得懂。」李先生搶著說：「全國人民一家親嘛！」尚先生接著說：「還有毛世來、吳素秋他們去東北，奚嘯伯去石家莊。不願去，也得去。弘揚國粹嘛！」眾人聽罷，一片茫然。

當時我還年青，不懂得這裡邊的事兒。後來，瞭解了建國初期的「戲改」史，既周恩來所說要「改戲、改人、改制」。再想這件事就很合拍了。建國初期戲劇文化部門先是禁演了一大批「有毒有害」的戲碼，又重新改編、改寫了一批可以挽救的老戲和新編歷史劇。同時，通過社會主義教育運動，加強了對老藝人的思想改造，使他們變成新人。繼而，開始公私合營，改變劇團的組織結構和營業方針。尤其「反右」運動之後，對一些思想落後的藝人予以外放，一是加強對他們的改造，順勢疏解大城市劇團過多的問題。李萬春、奚嘯伯都是「右派」，正好離京，叫他們在外地鍛練鍛練。後來得知，李萬春的劇團到了西藏，水土不服，無法演戲。文化部便讓他們在內蒙古落戶了。

1960年，中央提出了「以階級鬥爭為綱」的治國方針。戲曲界便一片肅殺了。政府對民間的票房組織亦加強管理，必須進行法人登記。時不時還傳出在某某票房查出反革命份子和特務等流言。於是，票房就越來越少了。到了六三年，全國調演現代戲，老戲一概禁演的時候，北京所有民間票房也就全軍覆滅了。工廠和農村出現的全是「毛澤東思想宣傳隊」。

說到這兒，使我想起了少年時代的一個票房朋友，他的名字叫沈綱。如果他現在還活著，應該是七十八歲了。他是在上海出生的，父親是上調北京的國家幹部。住在北京宣武區長椿寺的一處機關幹部宿舍裏。他長得瘦高，很清俊，平時少言寡語，但偶而出語，即幽默又冷雋。他早慧，喜愛京劇，愛寫小說，為了清靜，他常一個人躲在家中的壁櫥裏寫作。我讀過他寫的一些無處發表的小說，很清新，很細膩，很有早期茅盾的風格。他比我大一兩歲，我很崇拜他。六十年代初是「千萬不忘階級鬥爭」的時期。像我們出身不好的學生，高中畢業是不能考大學的。我是分配到北京郊區一間紡織廠當學徒工。他好像是六三年畢業，但也沒有考大學，分配到街道工廠當學徒。我一直不明白他的文科底子這麼好，又是幹部家庭出身，為什麼也不能考大學？

六四年，北京正搞現代戲大滙演，報紙上天天討論現代戲的問題，爭議火熱。沈綱在《北京日報》上發表了一篇不同意見的文章，他認為：

> 京劇藝術的形式美，是和表現劇中人物的悲歡情感統一的，形式上看它好像是離開生活，其實它不過是用自己特殊的方法去反映了生活，它不是脫離生活的『抽象派藝術』。這種藝術是其他形式的藝術所不能代替的。……然而讓京劇裏的人也穿制服、皮鞋，甚至還拿機關槍……就能挽救其『沒落』、『死亡』了嗎？這關係到對祖國文化遺產是否尊重的問題。如果破壞了它的固有程序去演現代戲，那它決不可能還是京劇，只能成為另一個什麼劇種了。（三年前，我在北京首都圖書館查出了沈綱的這篇文章，題目叫《「演什麼」和「給誰看」——談戲曲如何為社會主義服務》，刊於 1964 年 2 月 18 日《北京日報》）。

當年，持這種觀點的人還是大有人在的。迄今，很多研究文革戲劇史的專家在論文中還常引用這篇文章，說明當年反對演現代戲一派的代表意見。其不知，這篇文章給沈綱帶來了多麼大的麻煩。那時，他剛滿十九歲。先是單位把他看管起來，不准他亂說亂動。他家裏知道了這件事，也都嚇壞了，不准他再拿紙拿筆，不准他外出，再見朋友。有一天我去看他，剛一進門，當地的片警也跟著進門，登記姓名……。

不久，文化大革命就開始了。少年朋友各為命運驅使，風流雲散，各自東西。沈綱的境遇如何，也就不得而知了。六六年，我在黃村上班，文革開始，當地的紅衛兵爆起，他們火燒縣委、鬥地富、大抄家、製造了大辛莊滅門慘案等等，足以令人聞之而慄。一日進城，聽街坊說，閻仲裔先生被單位造反派和學校的紅衛兵揪出批鬥，罪名是個「不上班、唱壞戲的牛鬼蛇神」。閻先生「做飛機」時，血壓陡升，當場溢血，不治身亡。八十歲的老母也在觳觫中駕鶴而去。我聽後，魂魄若失、呆若木雞。今日回想起這些往事，細思極恐！

直到 1976 年，「四人幫」被捕，文革結束。中央開始播亂反正，大規模地平反冤假錯案，文藝界重見生機。《北京晚報》復刊後，因為我常在《百家言》寫些雜文，與過士行、張永和等稔熟。我們就在一起創辦了《山海客》劇評專欄，開始為振興京劇搖旗吶喊。

在《全國首屆中青年京劇演員電視大選賽》期間，筆者（前排左二）與主持人程之（前排左四）及參賽演員張平（前排右一）董翠娜（前排左一）等人的合影

不久，我離開了工廠，應聘體改委制下的《中國農村經營報》公關部工作。主任馬守信是個大戲迷，我是他的副手，也是戲迷。為了打開報紙的知名度，我們先是與《北京電視臺》合作，舉辦了《首屆「振興杯」中青年京劇演員大獎賽》，取得了巨大的轟動。次年，我們又聯合了《中央電視臺》、《中國劇協》一起舉辦了《全國首屆中青年京劇演員電視大選賽》。大家推選我和胡恩擔任大賽辦公室主任，主持文案工作。通過半年多的忙碌，集合了全國各省京劇團的青年精英，通過十天十場激烈的比賽，《中央電視臺》用了十天黃金時段對全國連續直播。最終決出了于魁智、言興朋、張平、藍文雲、關懷、杜鎮傑、李宏圖、江其虎、鄭子茹、劉桂娟、李海燕、周龍等一大批優秀的京劇人材。後來，這些人對京劇中興都做出了巨大的貢獻。迄今，依然是京劇舞臺上的頂樑柱。他們比賽的評語都是我執筆寫就，分別刊登在《中國農村經營報》和《戲劇報》上。翌年，我為京劇表演藝術家劉秀榮籌款舉辦了「從藝四十五週年」紀念演出活動。這也算我這個票友，對京劇振興所盡了一些兒微薄的力量。

此後，北京開始出現了類似票房的「清音桌」，是前門「大碗茶」經理李盛喜率先發起的，後更名「老舍茶館」。接著湖廣會館、正乙祠等大眾票房也相繼開張，北京的戲迷們又有了過戲癮的場所。

中国农村经营报 （第三版） 1987年11月27日

1987年全国青年京剧演员电视大选赛

获 奖 演 员 名 录

京剧——国之瑰宝；
京剧——中国剧坛之王冠；
京剧是一朵永不凋谢的花朵。她不会枯萎消亡，更不可能后继无人，而是充满青春，充满活力，净喷蓬勃，生机勃勃。1987年全国青年京剧演员电视大选赛就是一个证明。
中国农村经营报在发起并主办了“首都中青年京剧演员《振兴杯》电视大选赛”和“首届全国农村青年歌手《海燕杯》大选赛”之后，根据广大群众的要求，尤其是广大农村读者和电视观众的需要，再一次率先倡导、发起，并与全国各省、市级电视台、中央电视台、中国剧协共同举办了这一京剧有史以来，规模空前的盛会。
我们愿为繁荣农村文化生活尽绵薄之力。
中国农村经营报公共事业部部长 马守信

二十五名最佳表演奖获得者简介

优秀表演奖获得者简介（26名）

上圖為筆者為參賽獲獎者撰寫的評語

其時，筆者已步入盛年。業餘時間就加入了東四錢糧胡同的票房。地址設在基督教青年會的四樓，由梅派名票王潤女士主持。票房的條件、設備和文武場均很好。票友們的水平也很高。唱老生的一張嘴，譚、馬、楊、奚，句句到位，難以傚比。要想在票房立得住，必須揚長避短，另僻蹊徑。我開始認認真真地研習麒派。因為北方學麒的不多，另外，我也從內心十分敬重周信芳先生的人品和藝術。這一改變，收效甚佳，在一次邀請了梅葆玖、吳素秋、汪正華、李鳴岩諸名家，前來看戲指導的彩唱時，我在前邊墊了一場《追韓信》，還真受到了一致的好評。票房還給灌了一盤磁帶，反映殊佳。

我退休之後，旅居加拿大，住在了溫哥華。這裡的華人很多。凡有華人的地方，便有京劇票房。片打東街有個「頤社」，是老一代華僑名票張仲珺、王翰章二位先生創立的，已有半個多世紀的歷史。每年都有演出，頗有名氣。不過，近年來由於老票友們陸續故去，後繼乏人，明顯有些凋零。

我參加的是列治文京劇社，社長是張君秋門下的弟子、京劇「金龍獎」獲得者、新加坡名票章寶明女士。會員有上海資深票友謝偉良、陳林根先生、臺灣原空軍副司令員袁行遠先生、金城銀行的董事李金城先生、黃桂秋先生的琴師陳涵清先生和香港名琴師張和錚的哲嗣張平安先生。每逢星六，大家聚在一起吹拉彈唱，賞心樂事，十分愜意。曾到此地玩票的有臺灣政要郝柏村、南華日報總經理胡已晨、以及本地名票馮寶義、孫竟寬、佟竟心、李寶祥，還有大陸的名角徐碧雲、張學津、吳鈺璋、沙淑英、吳汝俊等人。這裡還保留著舊時代「拜票」的習俗，凡大陸來加獻演的京劇團和名角，如梅葆玖、宋長榮、于魁智等人也都要到各票房走走，以致關照。

本人在票房的活動中，不僅可重溫故國的溫馨，排遣懷鄉之情，同時還交了很多師友、學到很多東西。就拿這本書來說吧，票房裏的朋友們就提供了許多難得的史料。以上拉拉雜雜寫了很多，也是對近代京劇票房情況的一點兒補充。

李德生　2020 年寫於列治文寓中

《京劇名票錄》讀後記

丁廣馨

由於都是身在海外而心繫京劇的同好者，李先生把寫「後記」的任務交給了我。做為一個能力淺薄的後輩，對此重任，我原是無法從命的，祇同意把原稿代校一遍，對誤植做一番檢校工作。後來經過李先生的一再鼓勵，才勇於嘗試寫一篇「讀書報告」。

讀此書時的第一個印象，是內容充實、選材豐富。我的本行是圖書信息管理，對資料的搜尋、篩選、整理過程中的種種障礙和困難略有心得。因之對作者能在龐大冗雜，千絲萬縷的京劇史料中，挑選梳理出這樣一部組織嚴謹而附帶索引的著作，感到十分欽佩。在搜尋和梳理的過程中，因為材料不全而割愛人物，這也在所難免。不過，那必然只是少數。正因為人物眾多，內容瓷實，《京劇票友錄》在京劇研究的領域中，將成為一部重要的文獻資料。

我本人就是個京劇票友，在學習京劇的過程中，我對京劇的一個重要的體會是，沒有票友們百餘年來赤膽忠心的奉獻和努力，京劇今日的面貌必然不同。反而觀之，既然京劇具有極其華美的風貌和深邃的內涵，吸引無數愛好者躍躍欲試，幾經修練而成為票友，當然也是一件順理成章的現象。京劇能夠光芒萬丈，歷久不衰，專業、觀眾和票友三方面的貢獻是缺一不可的。有了這三個結實穩固的足架，才使得京劇這座光輝燦爛的古鼎，留下了它那永久的高雅風貌。我想，海內外的票友們對這本書的出版，也是會心懷感謝的。

古今中外，任何一種藝術的發展都少不了專業和贊助者之間的配合。藝術的生存需要市場，市場的需要決定了藝術的發展方向。票友對京劇的貢獻，原本也來自這個基本的供求定律。他們的身份是贊助者，這一點在「貴胄」

一章中可見一斑。在這個階段，別看王爺們表面上是揮金如土，實際的效果，卻是在無意間給了京劇一個在「京城」立定腳跟的機會。立足京城是京劇發展中的一個關鍵時刻，也給了那些有心之士蓬勃的學習動力和熱烈的實踐欲望。於是，「戲迷」出現了，票友出現了，精英出現了。正是這批外行中的精英和內行中的翹楚「裏應外合」的共同努力，才把京劇推向了既長久又璀璨的巔峰時期。

巔峰時期的京劇非但劇目繁多，名角如雲，賣座鼎盛，如日中天。京劇踏著中原文化大遷徙的歷史足跡，從北方來到了南方，從黃河傳過長江，如水銀瀉地般地遍及全國。這時的大江南北，早已票房林立，票友如雲，人才濟濟，蔚為輝煌。其間，也誕生了許多京劇表演藝術家，以及對京劇藝術的推廣和提高發揮了深遠影響的巨匠。

巔峰時期的另一個重點，在於劇目的增生創新和舞臺的改革。這裏面的功臣有名角和名流，更有眾多的知識分子殫精竭慮地配合著內行，把京劇提升到前所未有的高級境界。在票界，這是一個英雄輩出的大時代。此間在演出、創作、音樂、學術理論、教學、傳播，各個方面都產生了重要的大人物。昔日的王爺票友是無心插柳，這個時代的名票們卻是有心滋蘭樹蕙，甘願為京劇奉獻出畢生的癡情和心血。

張伯駒先生論戲有：「戲有外行中之內行、內行中之外行。外行中之內行實勝於內行中之外行」之論，不少人謂之「語過偏頗」，但宏而觀之，不少外行中的名票們對京劇發展的巨大貢獻，也是決不可以等閒視之的。

做為一個票友，尤其是有心為京劇做些貢獻的票友，其內涵不能僅僅用表面上繁華和風光來衡量。他們在藝術追求方面的努力和付出，甚至比內行還要刻骨銘心。這一點，有經驗的朋友必有同感。從這本書，我們可以深深感到票戲的意義絕不祗是唱唱玩玩，不少精英其境界遠遠超過了人們的想像。書中的人物絕大多數都是「好樣兒的」票友。而在我們的身邊，一定也有不少「桃李不言」卻「下自成蹊」的高士。有京劇的一天，就有票友，有票友的一天，就多著一份虔誠和執著。這本書彷彿讓我們站上了巨人的肩頭，對京劇的展望看得更清晰，更高遠，對票友在各方面的努力也更加尊敬。

丁廣馨　寫於溫哥華

（丁廣馨，女，作家，加拿大名票，加拿大京劇票社「頤社」社長）

參考文獻

1. 北平國劇學會：《國劇畫報》，北平國劇畫報社，1935 年。
2. 梅蘭芳：《舞臺生活四十年》，中國戲劇出版社，1987 年。
3. 張伯駒：《紅毹紀夢詩注》，北京寶文堂書店，1988 年。
4. 鄒葦澄：《戲——譚．品．墨》，〔美〕紐約寒山藝苑，1979 年。
5. 江上行：《京劇票友》，古吳軒出版社，1994 年。
6. 丁汝芹：《清代內廷演戲史話》，紫禁城出版社，1999 年。
7. 張次溪：《清代燕都梨園史料》，北平邃雅齋書店，1934 年。
8. 張次溪：《清代燕都梨園史料續編》，北平松筠閣書店，1937 年。
9. 王安祈：《臺灣京劇五十年》，〔臺灣〕國立傳統藝術中心所，1998 年。
10. 王夢生：《梨園佳話》，商務印書館，1915 年。
11. 金耀章：《中國京劇史圖錄》，河北教育出版社，1994 年。
12. 北京市哲學社會科學京劇史照課題組：《京劇史照》，北京燕山出版社，1990 年。
13. 陳志明、王維賢：《立言畫刊京劇資料選編》，文苑出版社，2005 年。
14. 沈葦窗：《大人》雜誌，〔香港〕大人出版社，1973 年。
15. 沈葦窗：《大成》雜誌，〔香港〕大成出版社，1973 年。
16. 中國政協文史資料研究委員會：《京劇談往錄》，1～4 北京出版社，1985～1995 年。
17. 蔡世成輯選：《〈申報〉京劇資料選編》，上海市京劇志編輯部等主編，1994 年。

18. 丁秉鐩：《菊壇舊聞錄》，中國戲劇出版社，1995 年。
19. 唐魯孫：《唐魯孫先生作品集》，〔臺灣〕大地出版社，2000 年。
20. 張緒諤：《亂世風華——20 世紀 40 年代上海生活與娛樂的回憶》，上海人民出版社，2009 年。
21. 章詒和：《伶人往事》，〔香港〕明報出版社，2006 年。
22. 趙榮琛：《粉墨生涯六十年》，當代中國出版社，2006 年。
23. 谷歌網：《梨園百年瑣記》。
24. 百度網：《中國京劇戲考》等。